Easy Dancing

GERTRUDE KROMBHOLZ
ASTRID HAASE-TÜRK

Easy Dancing

Tanzen für Einsteiger

Mit CD zum Üben

blv

Inhalt

Cha-Cha-Cha

Rumba

Samba

Mambo/Salsa

New Merengue

Rock 'n' Roll-Familie

Tanzen

fördert

Gesundheit

und einen

klaren

Geist

frei nach Augustinus
354–430

Vorwort

Oft stellt man erst zu einem bestimmten Anlass, einer Einladung zu einer Party, einem Ball oder einer Hochzeit fest, dass es an Tanzkenntnissen fehlt. Man möchte sich nicht blamieren, nicht einsam im Abseits stehen, wenn sich die anderen auf der Tanzfläche amüsieren. Gerne würde man sich mit einer Tanzpartnerin/einem Tanzpartner fröhlich auf dem Parkett drehen, sich beim Tanzen ein wenig näher kommen! Für einen Tanzkurs ist leider keine Zeit mehr, ein/e Tanzpartner/in ist auch nicht greifbar. Was tun?
Wir helfen Ihnen auf die Sprünge! Unser Buch »Easy Dancing« ist die leichte Art, in den eigenen vier Wänden tanzen zu lernen. Die Grundfiguren der zwölf wichtigsten Gesellschaftstänze werden hier leicht verständlich und Schritt für Schritt in Wort und Bild erklärt. Sie brauchen nur ein bisschen Platz in Ihrem Wohnzimmer und einen CD-Player, dann können Sie die Figuren einfach nachtanzen. Eine für dieses Buch eigens produzierte Tanz-CD hilft beim Üben der Tänze und gibt Ihnen sogar Starthilfen durch Einzählen.
Natürlich kann »Easy Dancing« nur den Einstieg in die Gesellschaftstänze erleichtern, einen richtigen Tanzkurs aber nicht ersetzen. Vielleicht haben Sie sich gerade einen Kurs vorgenommen oder sogar bereits einen Tanzkurs absolviert. Jetzt heißt es üben!
In diesem Buch finden Sie des Weiteren Interessantes zur Geschichte der Tänze, außerdem wertvolle Hilfen, die das Erinnern an Tanzschritte, Tanzfolgen und Tanztechnik erleichtern.

Unser herzlicher Dank geht an das Demonstrationspaar Anja Schöberl und Henning Schlicht sowie an den Münchner Fotografen Ulli Seer, die zum Gelingen der Bildserien beigetragen haben. Weiterer Dank geht an Thomas Schwaiger aus Greifenberg, den Komponisten der Tanzmusik, und an Monika Niesl (Tanzschuhe Otto München) für die Bereitstellung zahlreicher Tanzschuhe. Besonderer Dank geht an unsere Lektoratsleiterin Sabine Schulz und das BLV-Team, die mit Geduld und Kreativität dieses Projekt begleitet haben.

Gertrude Krombholz
Astrid Haase-Türk

Einführung

Warum diese Tanzauswahl?

Wenn man von Gesellschaftstänzen spricht, meint man im Allgemeinen alle jene Tanzformen, die der gesellschaftlichen Unterhaltung dienen, die von zwei oder mehreren Personen gemeinschaftlich getanzt werden. Im Speziellen meint man damit Standardtänze, Lateinamerikanische Tänze (auch Lateintänze genannt) und Modetänze. Will man schnell tanzen lernen, ist es sinnvoll, sich auf die wichtigsten Tänze zu konzentrieren. Aus dem so genannten Welttanzprogramm wurden die populärsten Tänze ausgesucht, deren Musik heute auf jeder guten Tanzparty, jedem Ball, jedem Familienfest gespielt wird.

- Standardtänze: Langsamer Walzer, Wiener Walzer, Tango, Marschfox, Foxtrott
- Lateinamerikanische Tänze: Cha-Cha-Cha, Rumba, Samba, Jive
- Modetänze: Mambo, Salsa, New Merengue, Boogie, Rock 'n' Roll

Die Gruppenzugehörigkeit der Tänze ergibt sich teilweise aus ihrer Herkunft, teilweise aus der in dieser Gruppe üblichen Tanzhaltungen. Standardtänze werden in Tanzhaltung mit Körperkontakt, Lateinamerikanische Tänze in Tanzhaltung ohne Körperkontakt getanzt. Bei den Modetänzen gibt es keine einheitliche Tanzhaltung, denn diese Tänze sind spontan aus einer Musikwelle, aus ihrer Zeit heraus entstanden und haben keine einheitlichen Regeln.

Welttanzprogramm

Hierunter versteht man ein eingeführtes, international einheitliches Mindestprogramm für Anfänger und Fortgeschrittene, das von Zeit zu Zeit von Tanzlehrern aktualisiert wird.

Zum Aufbau des Buches

Jedem der zwölf Tänze ist ein eigenes Kapitel gewidmet (siehe Inhalt Seite 4–5). Auf den ersten beiden Seiten jedes Kapitels werden kompakt und kurz einige Grundinformationen über den Tanz gegeben:

- »Info« gibt einen Überblick über Musik, Zähl-Rhythmus, Tempo, Tanzhaltung, Tanzrichtung und Start. Eine typische Tanzhaltung des jeweiligen Tanzes wird in der Randspalte gezeigt.
- »Tanzgeschichte« informiert über die Herkunft des Tanzes.
- »Tanztechnik« beschreibt, was in diesem Tanz zu beachten ist.
- »Tanzfolge« schlägt die Reihenfolge der Figuren, die nacheinander getanzt werden können, vor.

◀ Dieser Pfeil zeigt die Bewegungsrichtung der Tanzfiguren an. Die Technikfotos sind entsprechend dieser Bewegungsrichtung angeordnet und nummeriert.

Tanzfiguren

Die Namen der in den zwölf Kapiteln ausführlich beschriebenen Figuren sind weitgehend bekannt und werden sowohl vom ADTV (Allgemeiner Deutscher Tanzlehrerverband) als auch vom DTV (Deutscher Tanzsportverband) gleichermaßen akzeptiert und verwendet. Auf die englische Terminologie wird in diesem Buch der Einfachheit halber verzichtet.

Jede Figur wird Schritt für Schritt beschrieben, wobei annähernd zu jedem Schritt eine Abbildung folgt. Die Fotos sind so angeordnet, dass man sich die Bewegung gut vorstellen kann. Für die Standardtänze sind die Fotos von rechts nach links angeordnet, damit man die Bewegungsrichtung mitverfolgen kann. Für alle anderen Tänze, die mehr am Platz getanzt werden, sind die Fotos von links nach rechts angeordnet, damit man die Tanzbewegung besser nachtanzen kann.

Bei der Figurenerklärung finden Sie unter der Spalte »Schritte« die numerische Abfolge der einzelnen Tanzschritte der Tanzfigur (z. B. »1, 2, 3, ...«), damit der Leser die entsprechenden Abbildungen zuordnen kann. Unter der Spalte »Zähle« finden Sie die rhythmische Zählweise des Tanzes (z. B. »langsam-langsam-schnell-schnell« bei Foxtrott). Bei manchen Tänzen werden, um den Rhythmus zu verdeutlichen, als Zählweise Zahlen verwendet (z. B. im Langsamen Walzer »1-2-3«). Hier empfiehlt es sich zum besseren Verständnis, die Zählweise mit der Rhythmuserklärung im Kapitelvorspann »Info« zu vergleichen.

In den Spalten »HERR« und »DAME« werden die einzelnen Tanzschritte für beide Partner beschrieben. Zugunsten der einfachen Handhabung und der Klarheit der Beschreibung wurde hier auf Angaben zu Drehungen oder Fußtechniken verzichtet. Diese Informationen ergeben sich aus dem ausführlichen, jede Figur begleitenden Fotomaterial und den Anmerkungen auf diesen Seiten.

»Welche Figuren lassen sich vorher tanzen?« gibt Auskunft über alle in diesem Buch beschriebenen Figuren, die man vorweg tanzen kann.

»Welche Figuren lassen sich nachher tanzen?« nennt die Figuren, die nach der beschriebenen Figur tanzbar sind. Aus diesen Angaben kann sich jeder sein eigenes Figurenprogramm zusammenstellen.

Unter dem Symbol sind wichtige Besonderheiten vermerkt, die sich auf Drehungen oder andere tanztypische Merkmale beziehen. Diese Informationen sollten Sie auf jeden Fall vorweg lesen, bevor Sie mit dem Üben der Figur beginnen.

Tanztechnik

Bevor zwei Menschen harmonisch miteinander tanzen können ist es notwendig, dass einige Bedingungen erfüllt sind:

➤ Die Tanzhaltung soll so eingenommen werden, dass jeder Tanzpartner seine Arme selbständig hält, den anderen nicht belastet, sondern eine sensible Verbindung zum Partner einnimmt.
➤ Fast jeder Tanz beginnt mit geschlossenen Füßen.
➤ Es ist darauf zu achten, dass beim Tanzen immer nur ein Fuß das Körpergewicht trägt, der andere Fuß muss für nachfolgende Schritte freigehalten werden.
➤ Jeder Tanzpartner muss bei jedem seiner eigenen Tanzschritte die Balance halten und darf sich nicht auf dem anderen abstützen. Nur wenn jeder selbständig tanzt, kann ein Miteinander entstehen.
➤ Alle Vorwärts- und Rückwärtsschritte sollen schmalspurig (ein Fuß schleift beim Vorbeigehen am anderen vorbei) auf zwei Spuren gesetzt werden. Bei Seitwärtsschritten sollen die Füße genau zur Seite, auf einer Höhe gesetzt werden.

Jeder Tanz hat seine eigenen technischen Besonderheiten. Allen Tänzen gemeinsam ist das paarweise Gehen nach Musik. Unterschiede gibt es aber in der Art, wie Schritte gesetzt werden.

Bei Langsamer Walzer, Wiener Walzer, Tango, Marschfox und Foxtrott wird jeder Vorwärtsschritt, wie beim nomalen Gehen auf der Straße, mit der Ferse begonnen. Seitwärts-, Rückwärts- und Schließschritte beginnt man dagegen mit dem Ballen des Fußes. Gehschritte vorwärts oder rückwärts, die ein Paar gemeinsam in Tanzhaltung mit Körperkontakt ausführen will, sollten immer so getanzt werden, dass der rechte Fuß vorwärts zwischen die Füße des Partners/der Partnerin gesetzt wird. Dabei schauen die Tänzer über die rechte Schulter des anderen, also aneinander vorbei. So wird sichergestellt, dass man mit Schultern und Körper gerade, parallel voreinander steht und auf diese Weise die Schritte ideal ineinander greifen, ohne den anderen zu treten.

Anders als in der parallelen Tanzhaltung werden Gehschritte in Promenadenposition, wie im Tango oder Samba, aus einer V-förmigen Stellung der Partner zueinander, für beide in dieselbe Richtung vorwärts getanzt. Dabei drehen beide Partner die Köpfe in dieselbe Richtung, in die Tanzrichtung.
Bei Cha-Cha-Cha, Rumba, Samba, Mambo/Salsa und New Merengue funktioniert das Gehen anders, das heißt, die Zehen haben ständigen Bodenkontakt. Beim Verlagern des Gewichts auf das eine oder andere Bein ergeben sich für den Tänzer mehr oder weniger starke Hüftbewegungen.

Bei Discofox und den Rock 'n' Roll-Tänzen benutzt man im Vorwärtsgehen auch eher den Ballenschritt, hebt aber die Füße zwischen den Schritten leicht vom Boden ab. Diese Tänze werden in der Regel mit offener Tanzhaltung getanzt. Zwar bemüht man sich auch hier um paralleles Voreinanderstehen, ändert aber während der Tanzaktionen oft die Stellung zueinander.

Führen und Anpassen

Tanzen macht erst Spaß, wenn es mit dem Partner/der Partnerin harmonisch läuft. Das Erlebnis, sich zu zweit miteinander auf der Tanzfläche zu bewegen, hängt stark ab von der Führung des Herrn und der Anpassung der Dame.
Die Führungsrolle des Herrn begründet sich in der Tatsache, dass der Herr in der Regel in die Tanzrichtung nach vorne schaut, während die Dame rückwärts tanzt. Wie beim Autofahren ist es auch beim Tanzen sinnvoll, dass derjenige lenkt, der am Steuer sitzt bzw. nach vorne schaut. Das bedeutet keinesfalls, dass die Dame zur Passivität verdammt ist. Ohne ihre Fähigkeit, selbstständig ihre Schritte zu beherrschen, kann sie den Führungsimpulsen des Herrn nicht folgen. Je mehr die Dame dem Herrn Spielraum für Führung gibt, desto stärker kann der Herr Führungsqualitäten entwickeln. Hier empfiehlt es sich, auch mit unbekannten Tanzpartnern zu üben, wo keine eingefahrenen Beziehungs- und Bewegungsmuster bestehen.

In den Standardtänzen führt der Herr die Dame durch den Körperkontakt, in den Lateinamerikanischen Tänzen und den Modetänzen ist er auf die Armführung angewiesen. Die Dame sollte selbständig, aber nicht ohne seine Führung tanzen. Durch Blickkontakt soll sie sensibel und durch Gegendruck in den gefassten Händen aufnahmefähig für die vom Herrn gegebenen Impulse sein.
Auch wenn wir in diesem Buch eine Tanzfolge vorschlagen, ist es nicht vorgesehen, dass alle Tänzer dieselben Figurenreihenfolgen tanzen. Im Idealfall werden alle Tanzfiguren spontan aneinandergehängt und improvisiert. Das funktioniert natürlich erst, wenn Herr und Dame sehr sicher in den Figuren sind und die Führung der Dame keine zusätzliche Belastung mehr bildet.

Verkehrsregeln auf der Tanzfläche

Einige »Verkehrsregeln« sollen auch auf einer Tanzfläche Zusammenstöße verhindern helfen. Bei den raumgreifenden Tänzen, wie den Standardtänzen und auch dem Samba, bewegen sich die Paare gegen den Uhrzeigersinn, also in Tanzrichtung. Bei den anderen Lateinamerikanischen Tänzen und bei Discofox, Mambo/Salsa, New Merengue, Boogie, Rock 'n' Roll sucht sich jedes Tanzpaar ohne Richtungsvorschrift einen freien Platz auf der Tanzfläche.

Bei modernen Musikstücken kommt es vor, dass man auf ein und dieselbe Musik verschiedene Tanzschritte, z. B. Cha-Cha-Cha und Marschfox, tanzen kann. Dann ist es notwendig, dass sich die Paare, die Marschfox tanzen wollen, im Außenkreis in Tanzrichtung aufstellen und bewegen, während die anderen Paare, die stationär tanzen, sich in der Mitte sammeln.
Grundsätzlich sollte sich auch auf der Tanzfläche jeder so verhalten, dass kein anderer behindert wird. Gute Tänzer passen ihre Schrittlänge und ihre Tanzfiguren der jeweiligen Situation auf der Tanzfläche an.

Wie lernen Sie die Tänze?

Jeder lernt anders, trotzdem wollen wir eine Empfehlung geben, wie man sich mit Hilfe dieses Buches die Tanzschritte aneignen kann:

1. Schauen Sie sich die Fotoserie einer Tanzfigur Bild für Bild an und lesen Sie die dazugehörige Schrittbeschreibung der Tanzfigur in Ruhe durch. Lesen Sie ggf. auch die mit § gekennzeichneten Anmerkungen. Vergleichen Sie Schritt für Schritt mit der Fotoserie.
2. Sie können jetzt auf Ihrer privaten Tanzfläche die in der Abbildung gezeigte Startposition einnehmen. Achten Sie auf die angegebene Startrichtung in dem jeweiligen Tanz. Sehen Sie sich die Fotoserie erneut an und stellen Sie sich vor, Sie wären die Dame/der Herr auf den Bildern.
3. Nun können Sie Schritt für Schritt die Figurenfotos nachtanzen. Wenn die Schritte verstanden sind, versuchen Sie, mit dem Zähl-Rhythmus sich selbst das Kommando für ihre Schritte zu geben.
4. Hören Sie sich nun den entsprechenden Musiktitel mit der Einzählhilfe von unserer Übungs-CD an und folgen Sie dem Kommando beim Tanzen. Wenn das gelingt, versuchen Sie den Musiktitel ohne Einzählhilfe. Erst wenn die Tanzfigur sicher getanzt wird und Sie mindestens zwei Figuren eines Tanzes sicher tanzen können, versuchen Sie die Verknüpfung der Tanzfiguren.

Sollten Sie nicht alleine zurechtkommen, bitte nicht aufgeben! Unsere noch so gründliche Beschreibung kann natürlich keinen Tanzkurs ersetzen. Auch wenn Sie mit unseren Beschreibungen gut zurechtkommen, ist die Übung mit verschiedenen Tanzpartnern/innen und die Geselligkeit ein wichtiger Teil des Tanzvergnügens. Dieses Buch ist eine wichtige Einsteigerhilfe, denn man fühlt sich einem Tanzkurs besser gewachsen, wenn man schon einige Vorkenntnisse besitzt.

Tanzen beschwingt die Seele

frei nach Augustinus
354–430

Langsamer Walzer

Tanzgeschichte

Der Langsame Walzer entwickelt sich in den Zwanzigerjahren aus dem Boston, einem gemäßigten »Nachläufer« des schnellen, temperamentvollen Wiener Walzers. Neben den alten »runden« Drehungen entstehen neue Elemente des »Geradeaus-Bewegens«. Er wird von englischen Tanzlehrern choreographiert und 1927 anerkannt. Aufgrund seiner Herkunft wird er auch »English Waltz« genannt. Anfangs ist er mehr ein Tanz mit vorwärts strebendem Charakter im Stil des Bostons oder des Slowfox. Später kommen immer mehr Drehungen hinzu und durch den vermehrten Drehgrad werden am Ende des Taktes die Füße geschlossen. Der Langsame Walzer gilt wegen seiner rhythmisch-schwingenden Bewegungen zu der weichen, oft sentimentalen Musik als einer der harmonischsten Tänze. Er wird häufig zur Eröffnung von Veranstaltungen getanzt.

Startposition

Tanztechnik

Der Langsame Walzer gehört wegen seiner engen Tanzhaltung zu der Gruppe der Standardtänze. Im Walzer versucht man mit schwingenden, raumgreifenden Drehbewegungen wie ein Pendel von Höhepunkt zu Höhepunkt zu schwingen. Jeder Grundschritt (1, 2, 3) fällt jeweils mit einem ganzen Takt in der Musik (1, 2, 3) zusammen.

Info

Musik: 3/4-Takt; langsam, schwingend

Zähl-Rhythmus: 1 | 2 | 3

Notenwerte: 1/4 | 1/4 | 1/4

Tempo: 29–32 Takte pro Minute, je nach Können; siehe CD zum Buch

Tanzhaltung: Standard-Tanzhaltung

Tanzrichtung: Bewegung geht in Tanzrichtung

Start: Herr rechter Fuß – Dame linker Fuß,
Herr startet mit der Front in Tanzrichtung,
Dame startet mit dem Rücken in Tanzrichtung.

Grundschritt im Linksdrehen (Schritt 1)

Beim Drehen des Grundschrittes wird beim ersten Schritt mit der musikalischen Betonung des ersten Taktschlages der größte Impuls gegeben. Beim zweiten Schritt wird der Hauptteil der Drehung und die stärkste raumgreifende Wirkung erzielt. Beim dritten Schritt wird die Drehung durch das Schließen der Füße kontrolliert. Beim Schließen sollte auf die parallele Position und den engen Kontakt der eigenen Füße geachtet werden.
Der erste Schritt des Grundschrittes wird durch Kniesenken im Standbein stark betont (1, 2, 3). Jeder Vorwärtsschritt wird, wie beim natürlichen Gehen auf der Straße, mit der Ferse begonnen, Seitwärts- und Schließschritte sowie Rückwärtsschritte werden mit dem Ballen angesetzt.

Tanzfolge

Grundschritt im Rechtsdrehen	S. 18–19
Übergangsschritt von rechts nach links	S. 23
Grundschritt im Linksdrehen	S. 20–21
Übergangsschritt von links nach rechts	S. 22

Grundschritt im Rechtsdrehen

Endposition

Schritte	HERR	DAME	Zähle
1	R-Fuß vor	L-Fuß rück	1
2	L-Fuß seit	R-Fuß seit	2
3	R-Fuß schließen	L-Fuß schließen	3
4	L-Fuß rück	R-Fuß vor	1
5	R-Fuß seit	L-Fuß seit	2
6	L-Fuß schließen	R-Fuß schließen	3

Grundschritt im Rechtsdrehen

3

2

1

Welche Figuren lassen sich vorher tanzen?

- Grundschritt im Rechtsdrehen
- Übergangsschritt von links nach rechts

Welche Figuren lassen sich nachher tanzen?

- Grundschritt im Rechtsdrehen
- Übergangsschritt von rechts nach links

Einsteiger können den Grundschritt anfangs ohne Drehung im Karree (Viereck) tanzen und mehrmals wiederholen. Später kann der Grundschritt kontinuierlich nach rechts gedreht werden.
Während der Schritte 1–6 werden anfangs eine halbe Drehung nach rechts (siehe Abb.), später, von Fortgeschrittenen, eine ganze Rechtsdrehung getanzt.

Startposition

Grundschritt im Linksdrehen

Endposition

Schritte	HERR	DAME	Zähle
1	L-Fuß vor	R-Fuß rück	1
2	R-Fuß seit	L-Fuß seit	2
3	L-Fuß schließen	R-Fuß schließen	3
4	R-Fuß rück	L-Fuß vor	1
5	L-Fuß seit	R-Fuß seit	2
6	R-Fuß schließen	L-Fuß schließen	3

Grundschritt im Linksdrehen

Startposition

Welche Figuren lassen sich vorher tanzen?

- Grundschritt im Linksdrehen
- Übergangsschritt von rechts nach links

Welche Figuren lassen sich nachher tanzen?

- Grundschritt im Linksdrehen
- Übergangsschritt von links nach rechts

Einsteiger können den Grundschritt anfangs ohne Drehung im Karree tanzen und mehrmals wiederholen. Später kann der Grundschritt kontinuierlich nach links gedreht werden.
Während der Schritte 1–6 werden anfangs eine halbe Drehung nach links (siehe Abb.), später, von Fortgeschrittenen, eine ganze Linksdrehung getanzt.

Übergangsschritt von links nach rechts

Endposition

Schritte	HERR	DAME	Zähle
1	L-Fuß vor	R-Fuß rück	1
2	R-Fuß seit	L-Fuß seit	2
3	L-Fuß schließen	R-Fuß schließen	3

Startposition

Welche Figuren lassen sich vorher tanzen?

- Übergangsschritt von rechts nach links
- Grundschritt im Linksdrehen

Welche Figuren lassen sich nachher tanzen?

- Übergangsschritt von rechts nach links
- Grundschritt im Rechtsdrehen

Beide Übergangsschritte können auch hintereinander getanzt und beliebig oft wiederholt werden.

Übergangsschritt von rechts nach links

Endposition

Schritte	HERR	DAME	Zähle
1	R-Fuß vor	L-Fuß rück	1
2	L-Fuß seit	R-Fuß seit	2
3	R-Fuß schließen	L-Fuß schließen	3

Startposition

Welche Figuren lassen sich vorher tanzen?

- Übergangsschritt von links nach rechts
- Grundschritt im Rechtsdrehen

Welche Figuren lassen sich nachher tanzen?

- Übergangsschritt von links nach rechts
- Grundschritt im Linksdrehen

Beide Übergangsschritte können auch hintereinander getanzt und beliebig oft wiederholt werden.

Wiener Walzer

Tanzgeschichte

Der Walzer hat von allen Gesellschaftstänzen die längste Tradition. Sein Name kommt übrigens von dem deutschen Wort »waltzen« und bezieht sich auf die drehenden Bewegungen der Füße, die über den Boden schleifen (Dreher, Schleifer). Mit seinen Vorläufern lässt sich der Walzer bis in die Minnesängerzeit (12. und 13. Jahrhundert) zurückverfolgen. Bis zum 18. Jahrhundert tanzt man in Stadt und Land den »Dreher« und »Ländler«. Im so genannten »Langaus« dagegen versuchen die Paare mit den wenigsten Drehungen den Raum zu durchtanzen.

Tanzfolge

Grundschritt im Rechtsdrehen	S. 28–29
Pendelschritte	S. 26–27
Grundschritt im Linksdrehen	S. 30–31
Pendelschritte	S. 26–27

Gerade die fortwährenden Verbote gegen den Walzer, die das Verdrehen, »das Herumschwenken und Wirbeln, das Hochwerfen und Umstoßen« der Partnerin untersagen, machen den Tanz immer wieder anziehend. Der Walzer ist zwar nicht hoffähig, erobert aber nach dem Wiener Kongress (1815) als Gesellschaftstanz die Ballsäle. Nicht wenig daran beteiligt sind die berauschenden Walzermelodien der Strauß-Dynastie. 1951 wird der heutige Wiener Walzer erstmals als Turniertanz genau beschrieben. Neben den alten »runden« Drehungen entstehen die raumgreifenden Elemente des heutigen Grundschrittes mit dem Schließen der Füße am Ende des Taktes. Der Wiener Walzer, auch »Schneller Walzer« genannt, und der Langsame Walzer, auch »English Waltz« genannt, sind die einzigen Gesellschaftstänze, die im 3/4-Takt gespielt werden.

Info

Musik: 3/4-Takt; schnell, fließend

Zähl-Rhythmus:	1	2	3
Notenwerte:	1/4	1/4	1/4

Tempo: 50–60 Takte pro Minute, je nach Können; siehe CD zum Buch

Tanzhaltung: Standard-Tanzhaltung

Tanzrichtung: Bewegung geht in Tanzrichtung

Start: Herr rechter Fuß – Dame linker Fuß, Herr startet mit der Front in Tanzrichtung, Dame startet mit dem Rücken in Tanzrichtung.

Tanztechnik

Der Wiener Walzer gehört wegen seiner engen Tanzhaltung zu der Gruppe der Standardtänze. Er ist ein Tanz mit starken Höhen und Tiefen, jeder Grundschritt (1, 2, 3) fällt jeweils mit einem ganzen Takt in der Musik (1, 2, 3) zusammen.

Beim Drehen des Grundschrittes wird beim ersten Schritt mit der musikalischen Betonung des ersten Taktschlages der größte Impuls gegeben. Beim zweiten Schritt wird der Hauptteil der Drehung und die stärkste raumgreifende Wirkung erzielt. Beim dritten Schritt wird die Drehung durch das Schließen der Füße kontrolliert. Beim Schließen sollte auf die parallele Position und den engen Kontakt der eigenen Füße geachtet werden.

Der erste Schritt des Grundschrittes wird durch Kniesenken im Standbein stark betont (**1**, 2, 3). Jeder Vorwärtsschritt wird, wie beim natürlichen Gehen auf der Straße, mit der Ferse begonnen. Seitwärts- und Schließschritte sowie Rückwärtsschritte werden mit dem Ballen angesetzt.

Einsteiger sollten allerdings wegen des schnellen Tempos der Musik erst nur einen der drei Schritte des Grundschrittes, den Schritt 1 bzw. Schritt 4 tanzen = »Einschrittwalzer«. Genau wie beim Pendelschritt werden dann die Taktschläge 2 und 3 einfach gehalten oder für eine leichte Drehung verwendet. Fortgeschrittene können später mit dem kompletten Grundschritt, dem »Dreischrittwalzer«, in stärkere Drehungen tanzen.

Startposition

Grundschritt im Rechtsdrehen (Schritt 2)

Pendelschritt nach links

Endposition

Startposition

Schritte	HERR	DAME	Zähle
1	L-Fuß seit	R-Fuß seit	1, 2, 3
2	R-Fuß heranpendeln	L-Fuß heranpendeln	1, 2, 3

Welche Figuren lassen sich vorher tanzen?

- Pendelschritt nach rechts
- Grundschritt im Linksdrehen

Welche Figuren lassen sich nachher tanzen?

- Pendelschritt nach rechts
- Grundschritt im Rechtsdrehen

Heranpendeln = Heranziehen des Fußes an den Standfuß ohne Gewichtsübertragung.
Beide Pendelschritte dienen dem Ausruhen des Tanzpaares zwischen den Walzerdrehungen und können beliebig oft wiederholt werden.

Pendelschritt nach rechts

2

1

Endposition

Startposition

Schritte	HERR	DAME	Zähle
1	R-Fuß seit	L-Fuß seit	1, 2, 3
2	L-Fuß heranpendeln	R-Fuß heranpendeln	1, 2, 3

Welche Figuren lassen sich vorher tanzen?

- Pendelschritt nach links
- Grundschritt im Rechtsdrehen

Welche Figuren lassen sich nachher tanzen?

- Pendelschritt nach links
- Grundschritt im Linksdrehen

Grundschritt im Rechtsdrehen

Endposition

Schritte	HERR	DAME	Zähle
1	R-Fuß vor	L-Fuß rück	1
2	L-Fuß seit	R-Fuß seit	2
3	R-Fuß schließen	L-Fuß schließen	3
4	L-Fuß rück	R-Fuß vor	1
5	R-Fuß seit	L-Fuß seit	2
6	L-Fuß schließen	R-Fuß schließen	3

Welche Figuren lassen sich vorher tanzen?

- Grundschritt im Rechtsdrehen
- Pendelschritt nach links

Welche Figuren lassen sich nachher tanzen?

- Grundschritt im Rechtsdrehen
- Pendelschritt nach rechts

Grundschritt im Rechtsdrehen

Einsteiger können den Grundschritt vereinfacht üben: Pro Takt wird nur ein Schritt getanzt (»Einschrittwalzer«). Das Paar pendelt zwischen den Schritten 1 und 4 hin und her (Herr vorwärts-rückwärts, Dame rückwärts-vorwärts).
Fortgeschrittene tanzen anfangs ohne Drehung im Karree und wiederholen den Schritt mehrmals. Später kann der Grundschritt kontinuierlich nach rechts gedreht werden.
Geübte Tänzer tanzen während der Schritte 1–6 anfangs eine viertel Drehung nach rechts, Fortgeschrittene tanzen später eine halbe (siehe Abb.) oder eine ganze Rechtsdrehung.

Startposition

Grundschritt im Linksdrehen

Endposition

Schritte	HERR	DAME	Zähle
1	L-Fuß vor	R-Fuß rück	1
2	R-Fuß seit	L-Fuß seit	2
3	L-Fuß schließen	R-Fuß schließen	3
4	R-Fuß rück	L-Fuß vor	1
5	L-Fuß seit	R-Fuß seit	2
6	R-Fuß schließen	L-Fuß schließen	3

Welche Figuren lassen sich vorher tanzen?

- Grundschritt im Linksdrehen
- Pendelschritt nach rechts

Welche Figuren lassen sich nachher tanzen?

- Grundschritt im Linksdrehen
- Pendelschritt nach links

Grundschritt im Linksdrehen

Einsteiger können den Grundschritt vereinfacht üben: Pro Takt wird nur ein Schritt getanzt (»Einschrittwalzer«). Das Paar pendelt zwischen den Schritten 1 und 4 hin und her (Herr vorwärts-rückwärts, Dame rückwärts-vorwärts).
Fortgeschrittene tanzen anfangs ohne Drehung im Karree und wiederholen den Schritt mehrmals. Später kann der Grundschritt kontinuierlich nach links gedreht werden.
Geübte Tänzer tanzen während der Schritte 1–6 anfangs eine viertel Drehung nach links, Fortgeschrittene tanzen später eine halbe (siehe Abb.) oder eine ganze Linksdrehung.

Startposition

Tango

Tanzgeschichte

Tango bedeutet ursprünglich »tambor« (Trommel), interpretiert als ein Fest, das von den Trommeln schwarzer Südamerikaner begleitet wird. Das Wort Tango erscheint in Uruguay, Brasilien und auch Kuba zu Beginn des 19. Jahrhunderts sowohl in der Bedeutung eines Einzel- als auch eines Paartanzes.
Beinflusst von der kubanischen Habanera und der argentinischen Milonga entfaltet sich der modernisierte Tango (Tango Argentino) bei den Auswanderern in den Hafenvierteln von Buenos Aires, am Westufer des La Plata. Begleitet von Violine, Flöte und Gitarre oder

Tanzfolge

Info

Musik: 2/4-Takt; leidenschaftlich, staccato

Zähl-Rhythmus:

Zähl-Rhythmus:	langsam	langsam	schnell	schnell	langsam	schnell	schnell	langsam
Notenwerte:	1/4	1/4	1/8	1/8	1/4	1/8	1/8	1/4

Tempo: 30–33 Takte pro Minute, je nach Können; siehe CD zum Buch

Tanzhaltung: Tango-Tanzhaltung

Tanzrichtung: Bewegung geht in Tanzrichtung

Start: Herr linker Fuß – Dame rechter Fuß,
Herr startet mit der Front nach außen (= Rücken zur Kreismitte),
Dame startet mit dem Rücken nach außen (= Front zur Kreismitte).

Startposition

Klavier, nach 1870 auch von dem aus Deutschland importierten Bandoneon (eine Art Akkordeon), wird der Tango zu Beginn des 20. Jahrhunderts in Argentinien gesellschaftsfähig.
1907 kommt der Tango nach Paris, wird aber lange Zeit als unschicklicher Tanz bekämpft. Ab 1912 bricht dann das Tangofieber in ganz Europa aus: Tango-Partys, Tango-Teas, Tango-Wettbewerbe, Tango-Mode. Auf einer Konferenz englischer Tanzlehrer wird 1929 der Tango endgültig in seiner heutigen Form als Gesellschafts- und Turniertanz festgelegt.

Tanztechnik

Promenade

Der Tango gehört wegen seiner engen Tanzhaltung zu der Gruppe der Standardtänze. Der »europäische Tango« zeigt, im Gegensatz zum »argentinischen Tango«, ruckartige Bewegungen des Kopfes, zackige Fortbewegungen, plötzliche Verzögerungen und deutliche Figurenabschlüsse. Die Tanzhaltung wird noch enger gefasst als in den anderen Standardtänzen. Tango wird mit etwas kurvenden Gehbewegungen in leichter Zickzacklinie getanzt und gilt, besonders wegen seiner kontaktreichen Tanzhaltung, als der erotische Tanz unter den Standardtänzen.
Besonders reizvoll tanzt sich die Tango-Promenade. Hier öffnen die Tänzer ihre vorher parallele Körperposition V-förmig in Richtung der gefassten Hände. Die Fußspitzen der Partner stehen in der Promenadenposition in einem annähernd rechten Winkel.
Im Gegensatz zu anderen Standardtänzen wird der Tango ohne Hochtief-Bewegung, mit immer gleichmäßig stark gebeugten Knien getanzt. Tango ist kein Schwungtanz; er ist geprägt vom ständigen Wechsel zwischen Aktion und Pause, wobei sich leidenschaftliche Dynamik und gespannte Pausen abwechseln.

Argentinischer Grundschritt

5 4 ◀ 3

Endposition

Schritte	Herr	Dame	Zähle
1	L-Fuß vor	R-Fuß rück	langsam
2	R-Fuß vor	L-Fuß rück	langsam
3	L-Fuß vor	R-Fuß rück	schnell
4	R-Fuß seit	L-Fuß seit	schnell
5	L-Fuß ohne Gewicht heranziehen	R-Fuß ohne Gewicht heranziehen	langsam

Argentinischer Grundschritt

2

1

Startposition

Welche Figuren lassen sich vorher tanzen?

- Argentinischer Grundschritt
- Wiegeschritt
- Promenade

Welche Figuren lassen sich nachher tanzen?

- Argentinischer Grundschritt
- Wiegeschritt
- Promenade

Der Argentinische Grundschritt kann, wie alle Vorwärtsschritte des Herrn, leicht nach links gekurvt werden.

Wiegeschritt

Endposition

Schritte	HERR	DAME	Zähle
1	L-Fuß vor	R-Fuß rück	langsam
2	R-Fuß vor	L-Fuß rück	langsam
3	L-Fuß schräg rück	R-Fuß schräg vor	schnell
4	R-Fuß vor	L-Fuß rück	schnell
5	L-Fuß schräg rück	R-Fuß schräg vor	langsam
6	R-Fuß rück	L-Fuß vor	schnell
7	L-Fuß seit	R-Fuß seit	schnell
8	R-Fuß schließen	L-Fuß schließen	langsam

Welche Figuren lassen sich vorher tanzen?

- Argentinischer Grundschritt
- Wiegeschritt
- Promenade

Welche Figuren lassen sich nachher tanzen?

- Argentinischer Grundschritt
- Wiegeschritt
- Promenade

Wiegeschritt

5

4

3

2

1

Startposition

Einsteiger können den Wiegeschritt anfangs ohne Drehung üben. Fortgeschrittene tanzen den Wiegeschritt im Zickzack mit leichter Rechts- und Linksdrehung.

Promenade

Endposition

Schritte	HERR	DAME	Zähle
1	L-Fuß vor	R-Fuß rück	langsam
2	R-Fuß vor	L-Fuß rück	langsam
3	L-Fuß vor	R-Fuß rück	schnell
4	R-Fuß klein seit oder schließen	L-Fuß klein seit oder schließen	schnell
5	L-Fuß seit	R-Fuß seit	langsam
6	R-Fuß vorkreuzen	L-Fuß vorkreuzen	schnell
7	L-Fuß seit	R-Fuß seit	schnell
8	R-Fuß schließen	L-Fuß schließen	langsam

Promenade

4

3

2

1

Startposition

Welche Figuren lassen sich vorher tanzen?

- Argentinischer Grundschritt
- Wiegeschritt
- Promenade

Welche Figuren lassen sich nachher tanzen?

- Argentinischer Grundschritt
- Wiegeschritt
- Promenade

Einsteiger sollten bei Schritt 4 die Füße schließen; es ist leichter zu tanzen und hilft, die Richtungsänderung vom Gehen in die Promenade flüssig zu gestalten.
Der Wechsel von der parallelen Standardtanzhaltung in die V-förmige Promenaden-Tanzhaltung erfolgt bei Schritt 4, und die Rückkehr in die parallele Tanzhaltung bei Schritt 7.

Marschfox/Foxtrott

Tanzfolge

Tanzgeschichte

Die Ursprünge des Foxtrotts liegen im alten Onestep, im deutschsprachigen Raum auch »Schieber« genannt, und Rag, einem Marsch- und Gehtanz. Als Gesellschaftstanz löst Onestep den Twostep (polkaähnlich ohne Hüpfen) ab. Als um 1912 der Ragtime, die erste moderne Form der Tanzmusik, in England an Boden gewinnt, entwickelt sich aus dem Onestep der Rag.
Später werden die Ragtime- und Onestep-Musikstücke langsamer gespielt, somit werden auch die Schritte langsamer getanzt. Man hat Zeit, einen Seitschritt (seit-schließen) einzuführen. Der sich daraus entwickelnde Foxtrott besteht aus einem beliebigen Wechsel von langsamen und Vorwärts- bzw. Rückwärtsschritten mit schnellen Seitschritten. Er wird in den Zwanzigerjahren von englischen Tanzlehrern als Grundlage für den englischen Stil ausgebaut. Der Schrittansatz auf der Ferse und die neue Körpertechnik ermöglichen viel größeren Schwung. Um 1922 wird die heute noch gültige Form des Foxtrotts gefunden.
Ab 1924 spaltet sich der Foxtrott aufgrund der unterschiedlich schnell gespielten Musik auf in eine langsamere Variante, den sog. Blues oder Slow Foxtrott (Slowfox), und den schnelleren Foxtrott, den sog. Quickstep. Letzterer wird anfangs als »Quicktime Foxtrott« und »Charleston« bezeichnet.

Man kann ihn als den fröhlichsten und spritzigsten unter den Gesellschaftstänzen bezeichnen. Der vor allem in den Zwanzigerjahren beliebte Marschfox (-trott) und der nach 1945 wiederentdeckte Blues auf langsame Foxtrottmusik haben sich wegen ihrer Einfachheit bis heute gehalten.

Info

Musik: 4/4-Takt, rhythmisch, swingend

Zähl-Rhythmus Marschfox: schnell schnell schnell schnell
Notenwerte: 1/4 1/4 1/4 1/4

Zähl-Rhythmus Foxtrott: langsam langsam schnell schnell
Notenwerte: 1/2 1/2 1/4 1/4

Marschfox-Tempo: 20–50 Takte pro Minute; siehe CD zum Buch

Foxtrott-Tempo: 36–52 Takte pro Minute; siehe CD zum Buch

Tanzhaltung: Standard-Tanzhaltung

Tanzrichtung: Bewegung geht in Tanzrichtung

Start: Herr linker Fuß – Dame rechter Fuß,
Herr startet mit der Front nach außen (= Rücken zur Kreismitte),
Dame startet mit dem Rücken nach außen (= Front zur Kreismitte).

Tanztechnik

Foxtrottmusik kann in sehr unterschiedlichen Stilarten und Tempi gespielt werden. Sie kann von langsamem Blues und Slow zu dem temperamentvollen Swing, Rag, Charleston, Dixie bis zu Disco-Rhythmen reichen, was natürlich Einfluss auf die Wahl der Tanzschritte hat. Der Marschfox ist eher für langsame Foxtrottmusik geeignet und hat rhythmisch klare Gehschritte. Jeder Tanzschritt fällt auf einen Taktschlag, d. h. ein Grundschritt vorwärts bzw. rückwärts = ein ganzer Takt. Diese Tanzform ist vor allem für Einsteiger geeignet, weil die Schritte leicht zu tanzen und in der Musik zu erkennen sind. Der Foxtrott passt besser zu schneller, fröhlicher Musik, die Gehschritte werden nur halb so schnell und die Seitschritte viel kleiner getanzt. Wegen ihrer großen Anpassungsfähigkeit zählen Marschfox und Foxtrott zu den beliebtesten Allgemeintänzen. In den Figurenbeschreibungen der nächsten Seiten sind die Zählweisen für beide Tänze getrennt angegeben.

Startposition

Marschfox und Foxtrott gehören wegen ihrer engen Tanzhaltung zu der Gruppe der Standardtänze. Jeder Vorwärtsschritt wird, wie beim natürlichen Gehen auf der Straße, mit der Ferse begonnen. Seitwärts- und Schließschritte sowie Rückwärtsschritte werden mit dem Ballen angesetzt. Typisch für beide Tänze ist die zickzackartige Linienführung, mit der sich die Paare über die Tanzfläche bewegen können. Fortgeschrittene lernen auf langsame Foxtrottmusik noch den Slowfox und auf schnelle Musik den Quickstep kennen. Beide Tänze sind wesentlich anspruchsvoller in ihrer Tanztechnik und zählen zu den fünf Turniertänzen der Standard-Disziplin (siehe Krombholz/Haase-Türk »Richtig Tanzen – Standardtänze«). In »Easy Dancing« werden schwerpunktartig die für Einsteiger wichtigen Grundschritte und Figuren berücksichtigt.

Rechtsdrehung (Schritt 1)

Grundschritt rückwärts

Endposition

Schritte	HERR	DAME	Zähle	
			Marschfox	Foxtrott
1	L-Fuß rück	R-Fuß vor	schnell	langsam
2	R-Fuß rück	L-Fuß vor	schnell	langsam
3	L-Fuß seit	R-Fuß seit	schnell	schnell
4	R-Fuß schließen	L-Fuß schließen	schnell	schnell

Welche Figuren lassen sich vorher tanzen?

- Grundschritt vorwärts
- Rechtsdrehung

Welche Figuren lassen sich nachher tanzen?

- Grundschritt vorwärts
- Linksdrehung

Der Grundschritt im Marschfoxrhythmus eignet sich für langsame Musik im 4/4-Takt (Slowfox) und wird im Rhythmus schnell-schnell-schnell-schnell mit vier klaren, gleichmäßig großen Schritten getanzt.
Der Grundschritt im Foxtrottrhythmus eignet sich für schnellere Musik im 4/4-Takt (Quickstep) und wird im Rhythmus lang-lang-schnell-schnell mit zwei langen Gehschritten und zwei kleinen Seitschritten getanzt.

Grundschritt vorwärts

4

3

2

1

Startposition

Schritte	HERR	DAME	Zähle	
			Marschfox	Foxtrott
1	L-Fuß vor	R-Fuß rück	schnell	langsam
2	R-Fuß vor	L-Fuß rück	schnell	langsam
3	L-Fuß seit	R-Fuß seit	schnell	schnell
4	R-Fuß schließen	L-Fuß schließen	schnell	schnell

Welche Figuren lassen sich vorher tanzen?

- Grundschritt rückwärts
- Linksdrehung

Welche Figuren lassen sich nachher tanzen?

- Grundschritt rückwärts
- Rechtsdrehung

Grundschritt vorwärts und Grundschritt rückwärts werden hintereinander getanzt, wobei man mit dem Grundschritt vorwärts beginnt. Einsteiger üben die Grundschritte anfangs ohne Richtungsänderung in einer zinnenförmigen Linie (siehe Abb.).

Fortgeschrittene tanzen die Grundschritte in einer zickzackartigen Linie mit etwa einer viertel Drehung nach rechts und links zwischen jeweils vier Schritten.

Rechtsdrehung

Endposition

Schritte	HERR	DAME	Zähle	
			Marschfox	Foxtrott
1	L-Fuß rück	R-Fuß vor	schnell	langsam
2	R-Fuß vor	L-Fuß seit/rück	schnell	langsam
3	L-Fuß seit	R-Fuß seit	schnell	schnell
4	R-Fuß schließen	L-Fuß schließen	schnell	schnell

Welche Figuren lassen sich vorher tanzen?

- Grundschritt vorwärts
- Rechtsdrehung

Welche Figuren lassen sich nachher tanzen?

- Grundschritt rückwärts (nach einer ganzen Rechtsdrehung)
- Rechtsdrehung

Rechtsdrehung

2

1

Startposition

Die Rechtsdrehung wird auch als Wiegeschrittdrehung bezeichnet.
Einsteiger üben die Rechtsdrehung, indem sie während der Schritte 1–4 eine halbe Rechtsdrehung ausführen (siehe Abb.) und diese wiederholen, bis sie wieder am Ausgangspunkt angekommen sind.
Fortgeschrittene tanzen die Rechtsdrehung aus dem Zickzack-Grundschritt vorwärts kommend und drehen schwungvoll eine ganze Rechtsdrehung während der Schritte 1–4.
Alle Drehungen lassen sich beliebig oft wiederholen.

Linksdrehung

Endposition

Schritte	HERR	DAME	Zähle	
			Marschfox	Foxtrott
1	L-Fuß vor	R-Fuß rück	langsam	langsam
2	R-Fuß rück	L-Fuß vor	langsam	langsam
3	L-Fuß seit	R-Fuß seit	langsam	schnell
4	R-Fuß schließen	L-Fuß schließen	langsam	schnell

Welche Figuren lassen sich vorher tanzen?

- Grundschritt rückwärts
- Linksdrehung

Welche Figuren lassen sich nachher tanzen?

- Grundschritt rückwärts (nach einer ganzen Linksdrehung)
- Linksdrehung

Linksdrehung

2

1

Startposition

Die Linksdrehung wird auch als Wiegeschrittdrehung bezeichnet.
Einsteiger üben die Linksdrehung, indem sie während der Schritte 1–4 eine halbe Linksdrehung ausführen (siehe Abb.) und diese wiederholen, bis sie wieder am Ausgangspunkt angekommen sind.
Fortgeschrittene tanzen die Linksdrehung aus dem Zickzack-Grundschritt rückwärts kommend und drehen schwungvoll eine ganze Linksdrehung während der Schritte 1–4.
Alle Drehungen lassen sich beliebig oft wiederholen.

Discofox

Tanzgeschichte

Tanzen ohne Berührung des Partners (Solo Dancing) wird Ende der 1950er-Jahre für lange Zeit modern. Der Rock 'n' Roll-Nachfolger Twist bringt die Menschen zum Verdrehen ihrer Knie und Hüften. Die Beatwelle der 1960er-Jahre, in der die Beatles, Rolling Stones und andere Popgruppen mit ihren Hits eine Musikrevolution erzeugen, und die nachfolgende Soul- und Funky-Welle inspiriert die Tänzer zu afrikanischen Beckenbewegungen (Contract-Release, Funky) und Jazz-verwandten Tanzformen, die alle ohne Berührung mit dem Tanzpartner stattfinden (siehe Krombholz/Haase-Türk: »Richtig Tanzen, Modetänze«).

Als 1970 der »Philly-Sound« (»Philadelphia Rock«) aufkommt, Barry White mit seinem »Rock Your Baby«, das Orchester MFSB mit »The Sound of Philadelphia«, und The Three Degrees mit »When will I See You Again« die Hitlisten erobern, sind die Tänzer reif für das Anfassen (Touch Dancing), sie wollen sich wieder paarweise auf der Tanzfläche bewegen (Together Dancing). Es wird versucht, mit dem bestehenden Foxtrott-Grundschritt in dem viel schnelleren Philly-Sound zu bestehen, indem man den Grundschritt etwas schlampig verkürzt (Beat-Fox, Swing-Fox). Schließlich wird aus der verkürzten Foxtrottform ein neuer Tanz – der Discofox – geboren.

John Travolta trägt als Star des Kultfilms »Saturday Night Fever« (mit den mitreißenden Tanzhits der Bee Gees) ganz wesentlich zum nachfolgenden Discofox-Boom bei. In den 1980er-Jahren entwickelt sich in Deutschland eine besonders reizvolle Kombination von Discofox und dem in den USA parallel entstandenen Latin-Hustle (siehe S. 58), die oft zu einer gemeinsamen Bezeichnung Discofox/Hustle führt.

Tanzfolge

Tanztechnik

Der Discofox gehört zu der Gruppe der Modetänze und ist seit vielen Jahren fester Bestandteil des sog. Welttanzprogramms.

Es gibt drei übliche Rhythmusversionen:

1.	**Schritt**	–	**Schritt**	–	**Tap**	
Zähle:	schnell	–	schnell	–	schnell	

Tap = unbelastetes Aufsetzen eines Fußes, ein kleiner Schritt ohne Gewichtsverlagerung direkt am oder seitwärts vom Standfuß (zähle »schnell«)

2.	**Schritt**	–	**Schritt**	–	**Ball**	–	**Change**
Zähle:	schnell	–	schnell	–	und	–	schnell

3.	**Ball**	–	**Change**	–	**Schritt**	–	**Schritt**
Zähle:	und	–	schnell	–	schnell	–	schnell

Ball-Change = Gewichtsverlagerung auf den Ballen des rückwärts tanzenden Fußes und Zurückbelasten auf den Standfuß (zähle »und – schnell«)

Die zweite Version ist eher für fortgeschrittene Tänzer geeignet, vor allem in der Kombination mit Hustle. Darum wird auf den folgenden Seiten nur die erste Schrittversion in seinen Figuren und Verbindungsmöglichkeiten beschrieben.

Die Tanzschritte alleine machen allerdings noch keinen typischen Discofox aus. Ohne das stetige Auf und Ab in den Knien (Disco-Vibration) wirken die Schritte nicht Disco-like. Mit jedem Schritt wird ein leichtes Beugen und ein Strecken der Knie getanzt, wobei immer zum Schluss das Strecken der Knie steht, also auch beim »Tap«. Mit dieser Vibrationsbewegung kommt auch bei sehr schneller Musik kein Stress auf und der Herr kann seine Dame leicht in alle stationären Drehungen führen. Bei Drehbewegungen sollte der Herr außerdem seine Damen möglichst nahe bei sich halten, die Arme immer etwas angewinkelt, damit die Kontrolle über die Bewegung auch bei schnellen Aktionen erhalten bleibt.

Info

Musik: 4/4-Takt, stark vibrierend

Zähl-Rhythmus:

	schnell	schnell	schnell
Notenwerte:	1/4	1/4	1/4

Tempo: 28–38 Takte pro Minute, je nach Können; siehe CD zum Buch

Tanzhaltung: Latein- und Disco-Tanzhaltung

Tanzrichtung: Bewegung bleibt am Platz

Start: Herr linker Fuß – Dame rechter Fuß, Start in beliebiger Richtung.

Startposition

Damensolo nach rechts (Schritt 3 = Tap) Doppelhandfassung

Grundschritt vorwärts

Startposition

Schritte	HERR	DAME	Zähle
1	L-Fuß vor	R-Fuß rück	schnell
2	R-Fuß vor	L-Fuß rück	schnell
3	L-Fuß Tap seit	R-Fuß Tap seit	schnell

Welche Figuren lassen sich vorher tanzen?

- Grundschritt am Platz
- Grundschritt im Rechtsdrehen
- Grundschritt vorwärts
- Grundschritt rückwärts

Welche Figuren lassen sich nachher tanzen?

- Grundschritt am Platz
- Grundschritt im Rechtsdrehen
- Grundschritt vorwärts
- Grundschritt rückwärts
- Damensolo nach rechts

Grundschritt rückwärts

1

2

3

Endposition

Schritte	HERR	DAME	Zähle
1	L-Fuß rück	R-Fuß vor	schnell
2	R-Fuß rück	L-Fuß vor	schnell
3	L-Fuß Tap seit	R-Fuß Tap seit	schnell

Welche Figuren lassen sich vorher tanzen?

- Grundschritt am Platz
- Grundschritt im Rechtsdrehen
- Grundschritt vorwärts
- Grundschritt rückwärts
- Damensolo nach links

Welche Figuren lassen sich nachher tanzen?

- Grundschritt am Platz
- Grundschritt im Rechtsdrehen
- Grundschritt vorwärts
- Grundschritt rückwärts

Grundschritt am Platz

Startposition

Schritte	HERR	DAME	Zähle
1	L-Fuß am Platz	R-Fuß am Platz	schnell
2	R-Fuß am Platz	L-Fuß am Platz	schnell
3	L-Fuß Tap seit/rück	R-Fuß Tap seit/rück	schnell

Welche Figuren lassen sich vorher tanzen?

- Grundschritt am Platz
- Grundschritt im Rechtsdrehen
- Grundschritt vorwärts
- Grundschritt rückwärts
- Damensolo nach links

Welche Figuren lassen sich nachher tanzen?

- Grundschritt am Platz
- Grundschritt im Rechtsdrehen
- Grundschritt vorwärts
- Grundschritt rückwärts
- Damensolo nach rechts

Grundschritt im Rechtsdrehen

Endposition

Schritte	HERR	DAME	Zähle
1	L-Fuß seit	R-Fuß vor	schnell
2	R-Fuß am Platz drehen	L-Fuß seit	schnell
3	L-Fuß Tap seit/rück	R-Fuß Tap seit/rück	schnell

Welche Figuren lassen sich vorher tanzen?

- Grundschritt am Platz
- Grundschritt im Rechtsdrehen
- Grundschritt vorwärts
- Grundschritt rückwärts
- Damensolo nach links

Welche Figuren lassen sich nachher tanzen?

- Grundschritt am Platz
- Grundschritt im Rechtsdrehen
- Grundschritt vorwärts
- Grundschritt rückwärts
- Damensolo nach rechts

Damensolo nach rechts

Schritte	HERR	DAME	Zähle
1	L-Fuß vor	R-Fuß vor	schnell
2	R-Fuß seit	L-Fuß seit	schnell
3	L-Fuß Tap seit/rück	R-Fuß Tap seit/rück	schnell

Welche Figuren lassen sich vorher tanzen?
- Grundschritt am Platz
- Grundschritt im Rechtsdrehen
- Grundschritt vorwärts
- Grundschritt rückwärts

Welche Figuren lassen sich nachher tanzen?
- Grundschritt am Platz
- Grundschritt im Rechtsdrehen
- Grundschritt vorwärts
- Grundschritt rückwärts
- Damensolo nach rechts

Für den Einsteiger bringt das Damensolo viel Spaß, wenn man die Figur mit Doppelhandfassung tanzt (siehe Abb. 1a–3a). Vorteil bei schneller Musik: Die Dame kann nicht zu weit wegdrehen. Wenn der Herr seine Dame von der normalen Tanzhaltung in die Doppelhandfassung bringen möchte, tanzt er den Grundschritt am Platz, während sie in den Grundschritt rückwärts geführt und dabei die Haltung gewechselt wird.
Fortgeschrittene Tänzer können auch mit Einhandfassung (Herr L-Hand, Dame R-Hand) die Dame kontrolliert führen, ohne dass die Dame zu weit wegdriftet (siehe Abb. 1b–3b).

Damensolo nach rechts

Startposition

1a

2a

3a

Endposition

oder

Startposition

1b

2b

3b

Endposition

Damensolo nach links

Schritte	HERR	DAME	Zähle
1	L-Fuß seit	R-Fuß seit	schnell
2	R-Fuß seit/rück	L-Fuß seit/rück	schnell
3	L-Fuß Tap seit/rück	R-Fuß Tap seit/rück	schnell

Welche Figuren lassen sich vorher tanzen?

- Damensolo nach rechts

Welche Figuren lassen sich nachher tanzen?

- Grundschritt am Platz
- Grundschritt im Rechtsdrehen
- Grundschritt rückwärts
- Damensolo nach rechts

Für den Einsteiger bringt das Damensolo viel Spaß, wenn man die Figur mit Doppelhandfassung tanzt (siehe Abb. 1a–3a). Vorteil bei schneller Musik: Die Dame kann nicht zu weit wegdrehen.
Fortgeschrittene Tänzer können auch mit Einhandfassung (Herr L-Hand, Dame R-Hand) die Dame kontrolliert führen, ohne dass die Dame zu weit wegdriftet (siehe Abb. 1b–3b).
Nach der Figur Damensolo nach links: Wenn der Herr wieder zur normalen Tanzhaltung zurückfinden möchte, tanzt er Grundschritt am Platz, während die Dame den Grundschritt vorwärts auf ihn zu tanzt.

Damensolo nach links

1a

Startposition

2a

3a

Endposition

oder

1b

Startposition

2b

3b

Endposition

Hustle

Tanzgeschichte

Nach der Einzeltanzepoche (Solo Dancing), der Beatwelle der 1960-er Jahre, entsteht mit der Philadelphia-Sound-Musik Anfang 1970 Bedarf, sich paarweise zu bewegen (Touch Dancing, Together Dancing). Aus dem Versuch, auf die schnellen, modernen Rhythmen Foxtrott zu tanzen, entwickelt sich in Deutschland eine verkürzte Foxtrottform, der Beat-Fox oder Swing-Fox.

Als 1970 der »Philly-Sound« (»Philadelphia Rock«) aufkommt, Barry White mit seinem »Rock Your Baby«, das Orchester »MFSB« mit »The Sound Of Philadelphia« und »The Three Degrees« mit »When Will I See You Again« die Hitlisten erobern, wird aus der verkürzten Foxtrottform ein ganz neuer Schritt und schon ist ein neuer Tanz, der Swing-Fox oder Discofox geboren.

Parallel dazu entsteht in den USA ein Discotanz, der lateinamerikanische Hüftbewegungen und schnelle Drehungen miteinander verbindet, der »American-Hustle« oder »Latin-Hustle«. Mit »The Hustle« von Van McCoy gibt es zwar einen passenden Musikhit, aber der Tanz »Latin Hustle« ist den europäischen Tänzern zu schwierig. Erst die vereinfachte Form, der »Continental-Hustle« oder nur »Hustle« wird vom alten Kontinent angenommen und begeistert getanzt. Inzwischen haben sich sowohl die Tanzfiguren als

Tanzfolge

Grundschritt am Platz	S. 60–61
Grundschritt im Rechtsdrehen	S. 62–63
Weg und Heran	S. 64–65

auch der Name des Tanzes mit verschiedenen Musikwellen weiterentwickelt. Fortgeschrittene Tänzer haben in Deutschland den erfolgreichen Modetanz Discofox und den amerikanischen Hustle zu einer Kombination, dem »Discofox/Hustle«, verschmolzen.

Tanztechnik

Der Hustle gehört zwar zu der Gruppe der Modetänze, ist aber seit vielen Jahren fester Bestandteil des sog. Welttanzprogramms.

Info

Musik: 4/4-Takt, rhythmisch gleitend

Zähl-Rhythmus:

Zähl-Rhythmus:	schnell	schnell	schnell	schnell
Notenwerte:	1/4	1/4	1/4	1/4

Tempo: 28–38 Takte pro Minute, je nach Können; siehe CD zum Buch

Tanzhaltung: Latein- und Disco-Tanzhaltung

Tanzrichtung: Bewegung bleibt am Platz

Start: Herr linker Fuß – Dame rechter Fuß, Start in beliebiger Richtung.

Es gibt drei übliche Rhythmusversionen:

1.	**Schritt**	**Schritt**	**Schritt**	**Schritt**
Zähle:	schnell	schnell	schnell	schnell
2.	**Ball**	**Change**	**Schritt**	**Schritt**
Zähle:	und	schnell	schnell	schnell
3.	**Schritt**	**Schritt**	**Ball**	**Change**
Zähle:	schnell	schnell	und	schnell

Startposition

Ball-Change = Gewichtsverlagerung auf den Ballen des rückwärts oder seitwärts tanzenden Fußes und Zurückbelastung auf den Standfuß (zähle »und – schnell«)

Die Zählweise »und – schnell« ist sehr rasant und eher für fortgeschrittene Tänzer geeignet, vor allem in der Kombination mit Discofox. Darum wird auf den folgenden Seiten nur die erste Schrittversion in seinen Figuren und Verbindungsmöglichkeiten beschrieben.
Hustle ist ein leichter Paartanz, bei dem die Schritte in erster Linie zum Drehen an der Stelle und für Wickelfiguren verwendet werden. Richtung und Umfang der Drehungen kann jedes Tanzpaar je nach Tagesform und Können selbst bestimmen. Hustle wird mit leichtem Hüftschwung, fast wie auf einem Luftkissen, gleichmäßig auf einer Bewegungshöhe getanzt.
Die Tanzhaltung kann entweder mit oben oder unten gefassten Händen eingenommen werden, bei den Schritten 3 und 4 öffnet man in leichter Promenadenstellung. Zahlreiche Figuren werden in Doppelhandfassung getanzt, d.h. mit beiden Händen gefasst.
Der Hustle ist gerade bei Einsteigern sehr beliebt, denn viele interessante Drehfiguren aus der Rock 'n' Roll-Familie lassen sich auf diesen Tanz übertragen.

Grundschritt am Platz (Schritt 1 = Ball-Change) Disco-Tanzhaltung

Grundschritt am Platz

Startposition

Schritte	HERR	DAME	Zähle
1	L-Fuß rück	R-Fuß rück	schnell
2	R-Fuß vor	L-Fuß vor	schnell
3	L-Fuß seit	R-Fuß seit	schnell
4	R-Fuß seit	L-Fuß seit	schnell

Grundschritt am Platz

Endposition

Welche Figuren lassen sich vorher tanzen?

- Grundschritt am Platz
- Grundschritt im Rechtsdrehen
- Weg und Heran

Welche Figuren lassen sich nachher tanzen?

- Grundschritt am Platz
- Grundschritt im Rechtsdrehen
- Weg und Heran

Der Herr führt die Dame bei Schritt 1 durch Druck im linken Arm in ein Aufklappen nach rechts und zieht sie bei Schritt 3 wieder zu sich heran. Die Dame hält bei der Führung den rechten Arm stabil dagegen.

Grundschritt im Rechtsdrehen

Startposition

Schritte	HERR	DAME	Zähle
1	L-Fuß rück	R-Fuß rück	schnell
2	R-Fuß vor	L-Fuß vor	schnell
3	L-Fuß seit	R-Fuß vor	schnell
4	R-Fuß am Platz	L-Fuß seit	schnell

Grundschritt im Rechtsdrehen

Endposition

Welche Figuren lassen sich vorher tanzen?

- Grundschritt am Platz
- Grundschritt im Rechtsdrehen
- Weg und Heran

Welche Figuren lassen sich nachher tanzen?

- Grundschritt am Platz
- Grundschritt im Rechtsdrehen
- Weg und Heran

Der Herr führt die Dame bei Schritt 1 durch Druck im linken Arm in ein Aufklappen nach rechts und umrundet die Dame bei den Schritten 2 und 3. Die Dame hält bei der Führung den rechten Arm stabil dagegen.

Weg und Heran

Startposition

Dame wegführen

Schritte	HERR	DAME	Zähle
1	L-Fuß seit	R-Fuß seit	schnell
2	R-Fuß seit	L-Fuß seit	schnell
3	L-Fuß vor	R-Fuß seit	schnell
4	R-Fuß seit	L-Fuß rück	schnell

Durch die Schritte 1 und 2 erhält die Dame vom Herrn das Signal für die Trennung.

Welche Figuren lassen sich vorher tanzen?

- Grundschritt am Platz
- Grundschritt im Rechtsdrehen
- Heran (Dame heranführen)

Welche Figuren lassen sich nachher tanzen?

- Heran (Dame heranführen)

Weg und Heran

Endposition

Dame heranführen

Schritte	HERR	DAME	Zähle
1	L-Fuß rück	R-Fuß rück	schnell
2	R-Fuß vor	L-Fuß vor	schnell
3	L-Fuß seit	R-Fuß vor	schnell
4	R-Fuß seit	L-Fuß seit	schnell

Welche Figuren lassen sich vorher tanzen?

- Weg (Dame wegführen)

Welche Figuren lassen sich nachher tanzen?

- Grundschritt am Platz
- Grundschritt im Rechtsdrehen
- Weg (Dame wegführen)

Weg und Heran hintereinander getanzt ist die übliche Art der Anwendung dieser Figuren.

Cha-Cha-Cha

Tanzgeschichte

Cha-Cha-Cha gehört zu den jüngsten Erscheinungen in der Entwicklung der afrokubanischen Musik. Der Tanz gilt als eine künstliche Schöpfung, als eine aus der Rumba und dem Mambo entstandene Abart. Als Erfinder wird der kubanische Musiker Enrique Jorrin aus La Habana/Havanna genannt. Das Wort »Cha-Cha-Cha« kann als rhythmischer Bestandteil der Musik – als eine Art Triole – angesehen werden, die von den Musikern deutlich »gesprochen« und von den Tänzern mit drei kleinen Schritten »interpretiert« wird. Von Kuba ausgehend, erfassen Musik und Tanz zunächst Nordamerika, wo Cha-Cha-Cha ab 1954 der Modetanz Nummer eins wird.

Tanzfolge

In Deutschland wird der Cha-Cha-Cha erstmals 1957 als Modetanz vorgestellt und schafft aufgrund seines klaren Rhythmus, seiner variationsreichen heiteren Figuren sehr schnell den Durchbruch. Als vierter Lateinamerikanischer Tanz wird er 1961 in das Turnierprogramm aufgenommen. Heute gehört Cha-Cha-Cha auf der ganzen Welt bei allen Altersstufen zu einem der beliebtesten Tänze.

Info

Musik: 4/4-Takt, kokett, ausgelassen

Zähl-Rhythmus:	1	2	3	4	und	1
oder	Start	2	3	Cha	Cha	Cha
Notenwerte:	1/4	1/4	1/4	1/8	1/8	1/4

Der Start wird, wie auf der beiliegenden Übungs-CD, nur zum Anfangen einmal gezählt.

Tempo: 26–34 Takte pro Minute, je nach Können; siehe CD zum Buch

Tanzhaltung: Latein-Tanzhaltung

Tanzrichtung: Bewegung bleibt am Platz

Start: Herr rechter Fuß – Dame linker Fuß (Startschritt), Start in beliebiger Richtung.

Tanztechnik

Der Cha-Cha-Cha gehört wegen seiner offenen Tanzhaltung zu der Gruppe der Lateinamerikanischen Tänze. Der Grundschritt enthält einen Wiegeschritt (vor-rück bzw. rück-vor) und einen Wechselschritt seitwärts (seit-schließen-seit/Cha-Cha-Cha). Die Seitwärtsschritte sollten möglichst klein getanzt werden, die Schrittgröße sollte dabei die eigene Hüftweite nicht überschreiten.

Startposition

Fortgeschrittene beginnen, wie in den folgenden Figuren beschrieben, auf dem zweiten Taktschlag mit dem Wiegeschritt. Herr linker Fuß vorwärts, Dame rechter Fuß rückwärts. Für Einsteiger und Hobbytänzer ist der Einsatz auf dem zweiten Taktschlag zu schwierig. Für sie ist es günstiger, mit dem ersten Taktschlag in der Musik zu beginnen, also auf dem dritten »Cha« einen Schritt vorweg zu tanzen. Man nennt diesen Schritt auch »Startschritt«. Der Herr tanzt dabei mit dem rechten Fuß, die Dame mit dem linken Fuß seitwärts.

Wischer
(Schritt 1)

Wie in allen Lateinamerikanischen Tänzen wird jeder Schritt mit dem Ballen begonnen. Außerdem sollten die Fußspitzen zu jeder Zeit Kontakt mit dem Boden haben. Hüftaktionen bei den Taktschlägen 1, 2, 3 sind ein typisches Element im Cha-Cha-Cha. Hüftbewegungen sind das Resultat der Gewichtsverlagerung auf ein gestrecktes Bein. Beispiel: Wird der rechte Fuß seitwärts voll belastet, das rechte Knie extrem durchgestreckt, verschiebt sich automatisch die rechte Hüfte nach rechts seitwärts. Wichtig ist, keine bewussten, »künstlichen Hüftschwenks« zu erzeugen, die wenig elegant wirken. Natürliche Hüftbewegungen wirken auch bei Männern niemals übertrieben. Nahezu alle Grundfiguren des Cha-Cha-Chas lassen sich aber auch in die viel langsamere Rumba übertragen. Die Figuren Wischer, Promenade und Platzdrehungen werden deshalb in der Rumba auf Seite 84–85 wiederholt.

Wiege-Grundschritt

Schritte	HERR	DAME	Zähle	
Start	R-Fuß seit	L-Fuß seit	1	Start
1	L-Fuß vor	R-Fuß rück	2	
2	R-Fuß rück	L-Fuß vor	3	
3	L-Fuß seit	R-Fuß seit	4	Cha
4	R-Fuß schließen	L-Fuß schließen	und	Cha
5	L-Fuß seit	R-Fuß seit	1	Cha
6	R-Fuß rück	L-Fuß vor	2	
7	L-Fuß vor	R-Fuß rück	3	
8	R-Fuß seit	L-Fuß seit	4	Cha
9	L-Fuß schließen	R-Fuß schließen	und	Cha
10	R-Fuß seit	L-Fuß seit	1	Cha

Welche Figuren lassen sich vorher tanzen?

- Wiege-Grundschritt
- Wischer
- Promenade
- Platzdrehung nach links

Welche Figuren lassen sich nachher tanzen?

- Wiege-Grundschritt
- Wischer
- Promenade

Der Wiege-Grundschritt beginnt auf dem zweiten Taktschlag. Für Einsteiger ist es aber einfacher, mit dem ersten Taktschlag in der Musik zu beginnen. Hier empfehlen wir den so genannten »Startschritt«:
Beim »Startschritt« beginnt man mit dem letzten Schritt der vorangegangenen Figur, einem kleinen Seitschritt (Herr: R-Fuß seit, Dame: L-Fuß seit).
Wenn man die Figuren aneinander reiht, wird der »Startschritt« nur bei der ersten Figur getanzt.

Startschritt

Cha

Cha

Cha

Cha

Cha

Cha

Endposition

Wischer

Schritte	HERR	DAME	Zähle	
1	L-Fuß rück	R-Fuß rück	2	
2	R-Fuß vor	L-Fuß vor	3	
3	L-Fuß seit	R-Fuß seit	4	Cha
4	R-Fuß schließen	L-Fuß schließen	und	Cha
5	L-Fuß seit	R-Fuß seit	1	Cha
6	R-Fuß rück	L-Fuß rück	2	
7	L-Fuß vor	R-Fuß vor	3	
8	R-Fuß seit	L-Fuß seit	4	Cha
9	L-Fuß schließen	R-Fuß schließen	und	Cha
10	R-Fuß seit	L-Fuß seit	1	Cha

Welche Figuren lassen sich vorher tanzen?
- Wiege-Grundschritt
- Wischer
- Promenade
- Platzdrehung nach links

Welche Figuren lassen sich nachher tanzen?
- Wiege-Grundschritt
- Wischer
- Promenade
- Platzdrehung nach rechts

Bei Schritt 1 tanzt das Paar rückwärts in eine Nebeneinanderstellung, bei den Schritten 2–5 dreht sich das Paar wieder zueinander in die Gegenüberstellung. Bei Schritt 6 tanzt das Paar in die Gegenrichtung rückwärts, bei den Schritten 7–10 dreht sich das Paar wieder zueinander.
Der Wischer beginnt auf dem zweiten Taktschlag. Für Einsteiger ist es aber einfacher, mit dem ersten Taktschlag in der Musik zu beginnen. Hier empfehlen wir den so genannten »Startschritt«:

Wischer

Startschritt

Cha Cha Cha

Cha Cha Cha

Endposition

Beim »Startschritt« beginnt man mit dem letzten Schritt der vorangegangenen Figur, einem kleinen Seitschritt (Herr: R-Fuß seit, Dame: L-Fuß seit).

Wenn man die Figuren aneinander reiht, wird der »Startschritt« nur bei der ersten Figur getanzt.

Promenade

Schritte	HERR	DAME	Zähle	
1	L-Fuß vor	R-Fuß vor	2	
2	R-Fuß rück	L-Fuß rück	3	
3	L-Fuß seit	R-Fuß seit	4	Cha
4	R-Fuß schließen	L-Fuß schließen	und	Cha
5	L-Fuß seit	R-Fuß seit	1	Cha
6	R-Fuß vor	L-Fuß vor	2	
7	L-Fuß rück	R-Fuß rück	3	
8	R-Fuß seit	L-Fuß seit	4	Cha
9	L-Fuß schließen	R-Fuß schließen	und	Cha
10	R-Fuß seit	L-Fuß seit	1	Cha

Welche Figuren lassen sich vorher tanzen?

- Wiege-Grundschritt
- Wischer
- Promenade
- Platzdrehung nach links

Welche Figuren lassen sich nachher tanzen?

- Wiege-Grundschritt
- Wischer
- Promenade
- Platzdrehung nach rechts

Bei Schritt 1 tanzt das Paar vorwärts in eine Promenade, bei den Schritten 2–5 dreht sich das Paar wieder zueinander in die Gegenüberstellung. Bei Schritt 6 tanzt das Paar in die Gegenrichtung vorwärts, bei den Schritten 7–10 dreht sich das Paar wieder zueinander.
Die Promenade beginnt auf dem zweiten Taktschlag. Für Einsteiger ist es aber einfacher, mit dem ersten Taktschlag in der Musik zu beginnen. Hier empfehlen wir den so genannten »Startschritt«:

Promenade

Startschritt

Cha

Cha

Cha

Cha

Cha

Cha

Endposition

Beim »Startschritt« beginnt man mit dem letzten Schritt der vorangegangenen Figur, einem kleinen Seitschritt (Herr: R-Fuß seit, Dame: L-Fuß seit).
Wenn man die Figuren aneinander reiht, wird der »Startschritt« nur bei der ersten Figur getanzt.

Platzdrehung nach rechts

Cha

Cha

Cha

Endposition

Startschritt

Schritte	HERR	DAME	Zähle	
1	L-Fuß vor	R-Fuß vor	2	
2	R-Fuß vor	L-Fuß vor	3	
3	L-Fuß seit	R-Fuß seit	4	Cha
4	R-Fuß schließen	L-Fuß schließen	und	Cha
5	L-Fuß seit	R-Fuß seit	1	Cha

Welche Figuren lassen sich vorher tanzen?

- Wiege-Grundschritt
- Wischer
- Promenade

Welche Figuren lassen sich nachher tanzen?

- Wiege-Grundschritt 6–10
- Wischer 6–10
- Promenade 6–10
- Platzdrehung nach links

Während der Schritte 1–5 dreht der Herr eine ganze Drehung nach rechts, die Dame eine ganze Drehung nach links.

Platzdrehung nach links

Cha

Cha

Cha

Endposition

Startschritt

Schritte	HERR	DAME	Zähle	
1	R-Fuß vor	L-Fuß vor	2	
2	L-Fuß vor	R-Fuß vor	3	
3	R-Fuß seit	L-Fuß seit	4	Cha
4	L-Fuß schließen	R-Fuß schließen	und	Cha
5	R-Fuß seit	L-Fuß seit	1	Cha

Welche Figuren lassen sich vorher tanzen?

- Wiege-Grundschritt 1–5
- Wischer 1–5
- Promenade 1–5
- Platzdrehung nach rechts

Welche Figuren lassen sich nachher tanzen?

- Wiege-Grundschritt
- Wischer
- Promenade
- Platzdrehung nach rechts

Während der Schritte 1–5 dreht der Herr eine ganze Drehung nach links, die Dame eine ganze Drehung nach rechts.

Variation »Damensolo«: Sehr häufig wird die Platzdrehung nach links von der Dame alleine unter dem erhobenen Arm des Herrn gedreht. Der Herr tanzt dabei einen Wiege-Grundschritt 6–10. Diese Figur wird »Damensolo« genannt und in der schrittverwandten Rumba ausführlich beschrieben (siehe nebenstehende Abb. und Seite 83).

Rumba

Tanzgeschichte

»Rumba« ist in seinem Ursprung ein Sammelname für viele kubanische Paartänze. Das Wort Rumba bedeutete so viel wie »Fest« und »Tanz«. Musikalisch haben sich aus einer Fülle von afrokubanischen Rhythmen zwei Tänze – im 19. Jahrhundert die Habanera und im 20. Jahrhundert die moderne Rumba – entwickelt, die eng miteinander verwandt sind. Die Musik wird entweder langsam gespielt, wie der später in Europa populäre »Rumba-Bolero«, oder im schnelleren Tempo, wie die »Rumba-Guaracha« und die »kubanische Rumba«. Über New York kommt die Rumba 1930 als Tanz nach Europa. Die erste Rumba-Choreographie wird von Engländern erstellt, die auch von den Franzosen und Deutschen übernommen wird (Grundschritt im Karree = »Square-Rumba«). Die zwischen 1931 und 1933 populäre Rumba kann sich nicht durchsetzen. Erst nach 1945 wird die Rumba wieder von den Franzosen entdeckt. Auch die Engländer beschäftigen sich mit der Rumba. In zwei Rumba-Kriegen (1956 bis 1958 und 1961 bis 1963) streitet man um die Rumba-Technik. Der »Cuban Style«, von dem in England lebenden Franzosen Pierre aus dem Mambo entwickelt, tritt in Wettstreit mit der Square-Rumba, dem langsamen Rumba-Bolero von Lucien David aus Frankreich. Der Rumba-Krieg wird dadurch beendet, indem ein internationales Komitee entscheidet, dass die Rumba auf zwei verschiedenen Grundschritten aufgebaut sein kann. Der Cuban Style nimmt jedoch überhand, da nahezu alle Turnierpaare dieses System tanzen und 1964 die Anerkennung als Turniergrundlage erfolgt.

Tanzfolge

Tanztechnik

Rumba-Musik kann in verschiedenen Tempi gespielt und durch die Musikinstrumente unterschiedlich betont werden. Das hat Einfluss auf die Tanzschritte und erklärt, warum zwei verschiedene Rumba-Arten entstanden sind: die

Square-Rumba und die Cuban-Rumba.
Die Square-Rumba ist vor allem für Einsteiger geeignet (siehe Seite 78–79), weil sie mit einem leichten Grundschritt (Ähnlichkeit mit dem Walzerschritt) und der einfachen Betonung auf die Taktschläge 1 und 2 gut in der Musik zu erkennen ist. Verbreiteter ist inzwischen allerdings die etwas anspruchsvollere Cuban-Rumba, deren Wiege-Grundschritt (siehe Seite 80–81) dem Wiege-Grundschritt im Cha-Cha-Cha ähnlich ist, die auch in dieser Form in Tanzturnieren getanzt wird.
Die Cuban-Rumba gehört wegen ihrer offenen Tanzhaltung zu der Gruppe der Lateinamerikanischen Tänze. Der Grundschritt enthält einen Wiegeschritt (vor-rück bzw. rück-vor) und einen Seitschritt, der über zwei Taktschläge gehalten wird (Pause). Fortgeschrittene Tänzer beginnen, wie in den nachfolgenden Figuren beschrieben, auf dem zweiten Taktschlag mit dem Wiegeschritt, der Herr mit linkem Fuß vorwärts, die Dame mit rechtem Fuß rückwärts. Für Einsteiger und Hobbytänzer ist der Einsatz auf dem zweiten Taktschlag zu schwierig. Für sie ist es günstiger, mit dem ersten Taktschlag in der Musik zu beginnen und einen kleinen Seitschritt vorweg zu tanzen. Man nennt diesen Schritt auch »Startschritt«. Der Herr tanzt dabei mit dem rechten Fuß, die Dame mit dem linken Fuß seitwärts.
Wie in allen Lateinamerikanischen Tänzen wird jeder Schritt mit dem Ballen begonnen. Außerdem sollten die Fußspitzen zu jeder Zeit Kontakt mit dem Boden haben. Hüftaktionen sind ein typisches Element in der Rumba. Hüftbewegungen sind das Resultat der Gewichtsverlagerung auf ein gestrecktes Bein. Beispiel: Wird der rechte Fuß seitwärts voll belastet, das rechte Knie extrem durchgestreckt, verschiebt sich automatisch die rechte Hüfte nach rechts seitwärts. Wichtig ist es, keine bewussten, »künstlichen Hüftschwenks« zu erzeugen, die wenig elegant wirken. Natürliche Hüftbewegungen wirken auch bei Männern niemals übertrieben.
Die Rumba ist ein getanzter charmanter Flirt zwischen Mann und Frau. Viele Figuren der Rumba lassen sich auch auf den viel schnelleren Cha-Cha-Cha übertragen. Die Figuren Wischer, Promenade und Platzdrehung werden bei Cha-Cha-Cha auf Seite 70–75 ausführlich beschrieben.

Info

Musik: 4/4-Takt, langsam, weich

Zähl-Rhythmus Karree-Rumba:

	1, 2	3	4
	langsam	schnell	schnell
Notenwerte:	1/2	1/4	1/4

Zähl-Rhythmus Cuban-Rumba:
oder

	1	2	3	4, 1
	Start	schnell	schnell	langsam
Notenwerte:	1/4	1/4	1/4	1/2

Der Start wird, wie auf der beiliegenden Übungs-CD, nur zum Anfangen einmal gezählt.

Tempo: 25–31 Takte pro Minute, je nach Können; siehe CD zum Buch

Tanzhaltung: Latein-Tanzhaltung

Tanzrichtung: Bewegung bleibt am Platz

Start: Herr rechter Fuß – Dame linker Fuß (Startschritt), Start in beliebiger Richtung.

Startposition

Damensolo (Schritt 4)

Karree-Grundschritt (Square-Rumba)

Rechtskarree

Schritte	HERR	DAME	Zähle
1	R-Fuß vor	L-Fuß rück	1, 2 langsam
2	L-Fuß seit	R-Fuß seit	3 schnell
3	R-Fuß schließen	L-Fuß schließen	4 schnell
4	L-Fuß rück	R-Fuß vor	1, 2 langsam
5	R-Fuß seit	L-Fuß seit	3 schnell
6	L-Fuß schließen	R-Fuß schließen	4 schnell

Welche Figuren lassen sich vorher tanzen?
➤ Rechtskarree-Grundschritt

Welche Figuren lassen sich nachher tanzen?
➤ Rechtskarree-Grundschritt

Linkskarree: Der Karree-Grundschritt kann auch mit gegensätzlichen Füßen im Linksdrehen getanzt werden.

Der Karree-Grundschritt ist in erster Linie für Einsteiger gedacht. Er ist leicht zu tanzen, weil die »Pause« (langsam) auf die Taktschläge 1 und 2 fällt.

Der Karree-Grundschritt ist auch deshalb beliebt, weil er dem Walzer-Karree sehr ähnlich ist und rechts- bzw. linksdrehend getanzt werden kann.
Start- und Endposition sind gleich.

Karree-Grundschritt (Square-Rumba)

Startposition

Endposition

Wiege-Grundschritt (Cuban-Rumba)

Schritte	HERR	DAME	Zähle	
Start	R-Fuß seit	L-Fuß seit	1	Start
1	L-Fuß vor	R-Fuß rück	2	schnell
2	R-Fuß rück	L-Fuß vor	3	schnell
3	L-Fuß seit	R-Fuß seit	4, 1	langsam
4	R-Fuß rück	L-Fuß vor	2	schnell
5	L-Fuß vor	R-Fuß rück	3	schnell
6	R-Fuß seit	L-Fuß seit	4, 1	langsam

Welche Figuren lassen sich vorher tanzen?

- Wiege-Grundschritt
- Damensolo
- Wischer
- Promenade
- Platzdrehung nach links

Welche Figuren lassen sich nachher tanzen?

- Wiege-Grundschritt
- Damensolo
- Wischer
- Promenade
- Platzdrehung nach rechts

Der Wiege-Grundschritt ist der international anerkannte Grundschritt, der auch bei Tanzturnieren getanzt wird. Für den Einsatz in die Musik ist der Startschritt hilfreich (siehe CD zum Buch: Rumba mit Einzähler).

Wiege-Grundschritt (Cuban-Rumba)

Startschritt

Endposition

Damensolo (Cuban-Rumba)

Schritte	HERR	DAME	Zähle	
1	L-Fuß vor	R-Fuß rück	2	schnell
2	R-Fuß rück	L-Fuß vor	3	schnell
3	L-Fuß seit	R-Fuß seit	4, 1	langsam
4	R-Fuß rück	L-Fuß vor	2	schnell
5	L-Fuß vor	R-Fuß vor	3	schnell
6	R-Fuß seit	L-Fuß seit	4, 1	langsam

Welche Figuren lassen sich vorher tanzen?

- Wiege-Grundschritt
- Damensolo
- Wischer
- Promenade
- Platzdrehung nach links

Welche Figuren lassen sich nachher tanzen?

- Wiege-Grundschritt
- Damensolo
- Wischer
- Promenade
- Platzdrehung nach rechts

Zuerst tanzen Dame und Herr die erste Hälfte des Grundschritts 1–3, bei 3 hebt der Herr seinen linken Arm (siehe Abb.). Während der Schritte 4–5 dreht die Dame unter dem erhobenen linken Arm des Herrn alleine eine ganze Drehung nach rechts (wie in der Platzdrehung nach links, Seite 84–85). Der Herr tanzt dabei die zweite Hälfte des Wiege-Grundschritts.

Damensolo (Cuban-Rumba)

Startschritt

1

2

3

4

5

6

Endposition

Wischer/Promenade/Platzdrehungen

Wischer

Schritte	HERR	DAME	Zähle	
1	L-Fuß rück	R-Fuß rück	2	schnell
2	R-Fuß vor	L-Fuß vor	3	schnell
3	L-Fuß seit	R-Fuß seit	4, 1	langsam
4	R-Fuß rück	L-Fuß rück	2	schnell
5	L-Fuß vor	R-Fuß vor	3	schnell
6	R-Fuß seit	L-Fuß seit	4, 1	langsam

Promenade

Schritte	HERR	DAME	Zähle	
1	L-Fuß vor	R-Fuß vor	2	schnell
2	R-Fuß rück	L-Fuß rück	3	schnell
3	L-Fuß seit	R-Fuß seit	4, 1	langsam
4	R-Fuß vor	L-Fuß vor	2	schnell
5	L-Fuß rück	R-Fuß rück	3	schnell
6	R-Fuß seit	L-Fuß seit	4, 1	langsam

Platzdrehungen

Schritte	HERR	DAME	Zähle	
nach rechts				
1	L-Fuß vor	R-Fuß vor	2	schnell
2	R-Fuß vor	L-Fuß vor	3	schnell
3	L-Fuß seit	R-Fuß seit	4, 1	langsam
nach links				
4	R-Fuß vor	L-Fuß vor	2	schnell
5	L-Fuß vor	R-Fuß vor	3	schnell
6	R-Fuß seit	L-Fuß seit	4, 1	langsam

Wischer, Promenade und Platzdrehung sind Figuren, die auch im Cha-Cha-Cha getanzt werden. Figurenfotos, Drehungs- und Verbindungsmöglichkeiten werden auf den Seiten *70–75* ausführlicher beschrieben.

Wischer/Promenade/Platzdrehungen (Cuban-Rumba)

Samba

Tanzgeschichte

Samba ist in seinem Ursprung ein Sammelname für viele Tanzformen, die im vergangenen Jahrhundert von afrikanischen Negersklaven aus dem Kongo, dem Sudan und Angola in ihre neue Heimat Brasilien gebracht wurden. Der Name dieser Tanzart wird von dem afrikanischen Wort »semba« (= Bezeichnung für typische Hüftbewegungen) abgeleitet. Der »Samba de Moro«, ein Kreistanz, wird als Ausgangstanz für den modernen Samba bezeichnet.

Heute beherrscht Samba das musikalische Leben Brasiliens. Der berühmte Karneval bringt jährlich eine große Zahl reizvoller Samba-Melodien hervor. Erst seit dem Zweiten Weltkrieg gehört Samba zum festen Bestandteil einer jeden Tanzkapelle. Um 1948/49 erreicht er in seiner sehr vereinfachten Form (Zwei-Schritt-Samba: Schritt vorwärts – Tap vorwärts, Schritt rückwärts – Tap rückwärts) große Popularität. Die Aufnahme des Sambas in das Turnierprogramm der Lateinamerikanischen Tänze ab 1959 brachte die Wandlung vom volkstümlichen zum sportlichen Samba.

Tanztechnik

Samba gehört wegen seiner offenen Tanzhaltung zu der Gruppe der Lateinamerikanischen Tänze. Alle Figuren im Samba bewegen sich in Tanzrichtung und können entweder mit der einfachen »Zwei-Schritt-Technik« oder der fortgeschrittenen »Drei-Schritt-Technik« getanzt werden (siehe Seite 88–89).

Info

Musik: 2/4-Takt, leicht fröhlich

Zähl-Rhythmus Zwei-Schritt-Technik:

Notenwerte:

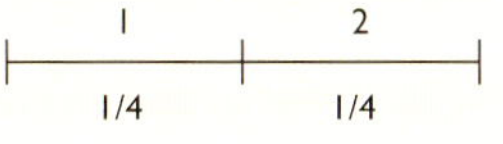

Zähl-Rhythmus Drei-Schritt-Technik:

Notenwerte:

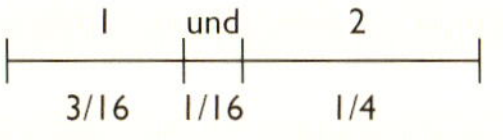

Tempo: 48–56 Takte pro Minute, je nach Können;
siehe CD zum Buch (Zwei-Schritt-Rhythmus wird eingezählt)

Tanzhaltung: Latein-Tanzhaltung

Tanzrichtung: Bewegung geht in Tanzrichtung

Start: Herr rechter Fuß – Dame linker Fuß,
Herr startet mit der Front nach außen (Rücken zur Kreismitte),
Dame startet mit dem Rücken nach außen (Front zur Kreismitte).

Startposition

Promenade

1. Zwei-Schritt-Technik:

	Schritt – ohne Gewicht schließen		
Zähle:	1	–	2

2. Drei-Schritt-Technik:

	Schritt	–	schließen	–	Schritt
Zähle:	1	–	und	–	2

»Schließen« bedeutet hier das Belasten auf dem Fußballen mit halbem Körpergewicht.
Wichtig dabei ist bei allen Schritten eine permanente Fußgelenk- und Kniebewegung hoch-tief (Bounce-Aktion), die dem Samba den typischen Charakter gibt. Man zählt dabei für jeden Takt zwei Bounce-Aktionen (hoch-tief, hoch-tief). Die Dynamik kommt immer aus dem ersten Schritt, und der Schub aus dem Standbein bewirkt, dass der Körper während des rhythmischen Federns weiterfließt. Die fortgeschrittenen Tänzer erzeugen durch das Vor- und Zurückschwingen der Hüften eine Wellenbewegung.

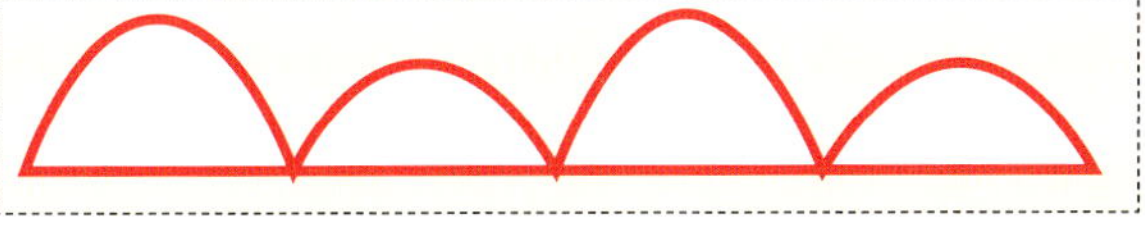

Grafische Darstellung der Bounce-Bewegung

Wie in allen Lateinamerikanischen Tänzen wird jeder Schritt mit dem Ballen begonnen. Außerdem sollten die Fußspitzen zu jeder Zeit Kontakt mit dem Boden haben. Hüftbewegungen werden beim Samba eher zurückhaltend getanzt. Samba ist ein leichter, unbekümmerter und lebensfroher Tanz, der sich für viele Tanzgelegenheiten eignet.

Tanzfolge

Rechts-Grundschritt

Zwei-Schritt-Technik (a)

Schritte	HERR	DAME	Zähle
1	R-Fuß vor	L-Fuß rück	1
2	L-Fuß ohne Gewicht schließen	R-Fuß ohne Gewicht schließen	2
3	L-Fuß rück	R-Fuß vor	1
4	R-Fuß ohne Gewicht schließen	L-Fuß ohne Gewicht schließen	2

Drei-Schritt-Technik (b)

Schritte	HERR	DAME	Zähle
1	R-Fuß vor	L-Fuß rück	1
2	L-Fuß schließen	R-Fuß schließen	und
3	R-Fuß am Platz belasten	L-Fuß am Platz belasten	2
4	L-Fuß rück	R-Fuß vor	1
5	R-Fuß schließen	L-Fuß schließen	und
6	L-Fuß am Platz belasten	R-Fuß am Platz belasten	2

Welche Figuren lassen sich vorher tanzen?
- Rechts-Grundschritt
- Wischer nach links

Welche Figuren lassen sich nachher tanzen?
- Rechts-Grundschritt
- Wischer nach rechts

Der **Rechts-Grundschritt** kann auch im Rechtsdrehen getanzt werden. Für Einsteiger ist der Umfang der Drehung nicht festgelegt, für Fortgeschrittene wird während der Schritte 1–6 eine halbe Rechtsdrehung empfohlen. Wenn die Schritte wiederholt werden, erreicht das Paar wieder seine Ausgangsstellung.
Der **Links-Grundschritt** wird mit gegensätzlichen Füßen im Linksdrehen getanzt.
Start- und Endposition sind gleich.

Startposition
Endposition

Startposition
Endposition

Wischer nach rechts

Endposition

Startposition

Schritte	HERR	DAME	Zähle
1	R-Fuß seit	L-Fuß seit	1
2	L-Fuß rück kreuzen	R-Fuß rück kreuzen	und
3	R-Fuß am Platz belasten	L-Fuß am Platz belasten	2

Welche Figuren lassen sich vorher tanzen?

- Rechts-Grundschritt
- Wischer nach links

Welche Figuren lassen sich nachher tanzen?

- Wischer nach links

Der Wischer wird immer ohne Drehung getanzt.

Wischer nach links

Endposition

Startposition

Schritte	HERR	DAME	Zähle
1	L-Fuß seit	R-Fuß seit	1
2	R-Fuß rück kreuzen	L-Fuß rück kreuzen	und
3	L-Fuß am Platz belasten	R-Fuß am Platz belasten	2

Welche Figuren lassen sich vorher tanzen?

- Wischer nach rechts
- Promenade

Welche Figuren lassen sich nachher tanzen?

- Rechts-Grundschritt
- Wischer nach rechts

Der Wischer wird immer ohne Drehung getanzt.

Promenade

Schritte	HERR	DAME	Zähle
1	L-Fuß vor	R-Fuß vor	1
2	R-Fuß rück	L-Fuß rück	und
3	L-Fuß etwas zurückziehen	R-Fuß etwas zurückziehen	2
4	R-Fuß vor	L-Fuß vor	1
5	L-Fuß rück	R-Fuß rück	und
6	R-Fuß etwas zurückziehen	L-Fuß etwas zurückziehen	2

Welche Figuren lassen sich vorher tanzen?

- Wischer nach rechts
- Promenade

Welche Figuren lassen sich nachher tanzen?

- Wischer nach links
- Promenade

Bei dieser Figur muss darauf geachtet werden, dass die Bewegung in Tanzrichtung geht, sonst wird man leicht zum »Geistertänzer«.
Start- und Endposition sind gleich.

Promenade

Startposition
Endposition

Mambo/Salsa

Tanzgeschichte

Mambo ist ursprünglich eine Bezeichnung afrokubanischer Musik, wobei jeder Musiker individuell seinen eigenen Rhythmus in verschiedenen Tonlagen schlägt. Der in Kuba geborene Anselmo Sacasas entwickelt 1944 den ersten Musikhit »Mambo«. Der Tanz Mambo orientiert sich an den synkopisch geschlagenen Rhythmen (Betonung auf 2 und 4) und greift auf original kubanische Schritte zurück; man spricht von einer Art Rumba-Swing. 1954 wird Perez Prado mit seinen Mambo-Hits »Mambo Jambo« und »Mambo Nr. 5« berühmt, die Tänzer sind von Musik und Bewegung begeistert, haben jedoch etwas Mühe, den neuen Tanz mit seinen Isolationstechniken und der synkopischen Betonung richtig umzusetzen.

Nach jahrzehntelanger Musikpause verhilft 1987 der Tanzfilm »Dirty Dancing« mit seiner mitreißenden Discomusik und dem tanzenden Haupt-

Info

Musik: 4/4-Takt, treibend, spannungsgeladen

Zähl-Rhythmus:

	schnell	schnell	langsam
Notenwerte:	1/4	1/4	1/2

Tempo: 23–52 Takte pro Minute, je nach Können; siehe CD zum Buch

Tanzhaltung: Latein-Tanzhaltung

Tanzrichtung: Bewegung bleibt am Platz

Start: Herr linker Fuß – Dame rechter Fuß, Start in beliebiger Richtung.

Startposition

Drop-Pose

darsteller Patrick Swayze dem Mambo zu einem neuen Boom. Daraufhin entdeckt die Popmusik den Mambo und produziert viele Musiktitel, die den Mambo etwas härter, schärfer (mit Betonung auf 1 und 3) und moderner klingen lassen. Der Tanzfilm »Salsa« (= scharfe Sauce) gibt 1988 dieser neuen Art Mambo zu interpretieren endgültig einen Namen und inspiriert die Tänzer, ihren Tanzstil dieser neuen Musikrichtung anzupassen.

Tanztechnik

Mambo/Salsa gehört zu der Gruppe der Modetänze. Der Grundschritt enthält einen Wiegeschritt (vor-rück bzw. rück-vor) und einen Seitschritt (auch Schließen der Füße), der über zwei Taktschläge gehalten wird (Pause).

Wie in allen Lateinamerikanischen Tänzen wird jeder Schritt mit dem Ballen begonnen. Außerdem sollten die Fußspitzen zu jeder Zeit Kontakt mit dem Boden haben. Hüftaktionen sind ein typisches Element des Mambo/Salsa. Hüftbewegung ist das Resultat der Gewichtsverlagerung auf ein gestrecktes Bein. Beispiel: Wird der rechte Fuß seitwärts voll belastet, das rechte Knie extrem durchgestreckt, verschiebt sich automatisch die rechte Hüfte nach rechts seitwärts. Wichtig ist, keine bewussten, »künstlichen Hüftschwenks« zu erzeugen, die wenig elegant wirken. Natürliche Hüftbewegungen wirken auch bei Männern niemals übertrieben.

Mambo/Salsa ist temperamentvoll, schnell und besitzt viele Figuren, die zum heißen Flirt einladen. Der Salsero (Salsa-Tänzer) würzt den Mambo mit lebhafteren Armbewegungen, schnellen Flicks und Kicks sowie besonders schnellen Drehungen, während die Figuren von Mambo und Salsa weitgehend gleich bleiben. Viele Figuren im Mambo/Salsa stammen ursprünglich aus Rumba und Cha-Cha-Cha.

Tanzfolge

Wiege-Grundschritt

Schritte	HERR	DAME	Zähle
1	L-Fuß vor	R-Fuß rück	schnell
2	R-Fuß rück	L-Fuß vor	schnell
3	L-Fuß schließen	R-Fuß schließen	langsam
4	R-Fuß rück	L-Fuß vor	schnell
5	L-Fuß vor	R-Fuß rück	schnell
6	R-Fuß schließen	L-Fuß schließen	langsam

Welche Figuren lassen sich vorher tanzen?

- Wiege-Grundschritt
- Wischer
- Seitenwechsel

Welche Figuren lassen sich nachher tanzen?

- Wiege-Grundschritt
- Wischer
- Seitenwechsel

Bei den Schritten 3 und 6 kann man anstelle eines Schließschrittes (»schließen«) auch einen kleinen Seitschritt oder im Fluss der Bewegung einen diagonalen Schritt vorwärts bzw. rückwärts tanzen.

Wiege-Grundschritt

Startposition

1

2

3

4

5

6

Endposition

Wischer

Schritte	HERR	DAME	Zähle
1	L-Fuß rück	R-Fuß rück	schnell
2	R-Fuß vor	L-Fuß vor	schnell
3	L-Fuß schließen	R-Fuß schließen	langsam
4	R-Fuß rück	L-Fuß rück	schnell
5	L-Fuß vor	R-Fuß vor	schnell
6	R-Fuß schließen	L-Fuß schließen	langsam

Welche Figuren lassen sich vorher tanzen?

- Wiege-Grundschritt
- Wischer
- Seitenwechsel

Welche Figuren lassen sich nachher tanzen?

- Wiege-Grundschritt
- Wischer
- Seitenwechsel

Bei den Schritten 3 und 6 kann man anstelle eines Schließschrittes (»schließen«) auch einen kleinen Seitschritt tanzen.
Bei den Schritten 1, 2 vom Wischer klappt das Paar mit einer viertel Drehung (Herr nach links/Dame nach rechts) seine Tanzhaltung auf und schlenkert die Arme nach unten. Bei Schritt 3 dreht das Paar wieder eine viertel Drehung zueinander (Herr nach rechts/Dame nach links) und fasst wieder beide Hände.
Bei den Schritten 4, 5, 6 wird die Bewegung zur anderen Seite wiederholt.

Wischer

Startposition

1

2

3

4

5

6

Endposition

Seitenwechsel

Schritte	HERR	DAME	Zähle
1	L-Fuß vor	R-Fuß rück	schnell
2	R-Fuß rück	L-Fuß vor	schnell
3	L-Fuß seit	R-Fuß vor	langsam
4	R-Fuß rück	L-Fuß vor	schnell
5	L-Fuß vor	R-Fuß seit	schnell
6	R-Fuß vor	L-Fuß rück	langsam

Welche Figuren lassen sich vorher tanzen?
- Wiege-Grundschritt
- Wischer
- Seitenwechsel

Welche Figuren lassen sich nachher tanzen?
- Wiege-Grundschritt
- Wischer
- Seitenwechsel

Der Herr führt die Dame bei Schritt 3 in ein leichtes Öffnen nach rechts und nimmt sie bei 4 schwungvoll mit in eine halbe Linksdrehung, den Seitenwechsel.

Seitenwechsel

Startposition

1

2

3

4

5

6

Endposition

New Merengue

Tanzgeschichte

Der spanische Begriff »Merengue« bedeutet Baiser und beschreibt das Rühren von Eiweiß und Zucker, wie im Tanz Merengue der Herr seine Dame in die Wickelfiguren dreht bzw. »rührt«. Merengue (auch Méringue) ist ein beliebter Volkstanz aus Haiti, der Domenikanischen Republik und Puerto Rico.

Tanzfolge

Info

Musik: 2/4- oder 4/4-Takt

Zähl-Rhythmus: schnell schnell schnell schnell

Notenwerte: 1/4 1/4 1/4 1/4

Tempo: 30–42 Takte pro Minute

Tanzhaltung: Latein-Tanzhaltung

Tanzrichtung: Bewegung bleibt am Platz

Start: Herr linker Fuß – Dame rechter Fuß, Start in beliebiger Richtung.

Startposition

Herrensolo (Schritt 3)

Rhythmisch und melodisch ist die Merengue identisch mit der Habanera. Ursprünglich bewegt sich der Merengue-Tänzer seitlich weg vom Platz (Grundschritt: seit-schließen-seit-schließen). Eine neue Merengue, die New Merengue, taucht nach dem Zweiten Weltkrieg erstmals in Europa auf, wird aber erst Anfang der 1980er Jahre durch südamerikanische Popmusik richtig beliebt. Heute gehört die New Merengue wieder zu den populärsten Latino-Tänzen.

Tanztechnik

New Merengue gehört zu der Gruppe der Modetänze. Der Grundschritt enthält lauter kleine Gehschritte, die am Platz, klein seitwärts, vorwärts oder rückwärts getanzt werden. Bei allen Schritten wird das Körpergewicht erst teilweise auf den Schreitfuß übertragen, dann die Hüfte verzögert auf die neue Seite gebracht und erst zum Schluss das volle Gewicht übertragen. Ihre verhältnismäßig stationären Figuren sind stark von den zahlreichen Wickelfiguren des Hustle beeinflusst. Die Tanzhaltungen erinnern an Mambo/Salsa, entweder in enger Tanzhaltung, in offener Tanzhaltung oder Doppelhandfassung.
Wie in allen Lateinamerikanischen Tänzen wird jeder Schritt mit dem Ballen begonnen. Außerdem sollten die Fußspitzen zu jeder Zeit Kontakt mit dem Boden haben. Hüftaktionen sind ein typisches Element in der New Merengue und kommen, anders als bei Cha-Cha-Cha und Rumba, durch das Nachziehen der Hüfte hinter der Schrittaktion zustande. Wichtig ist, keine bewussten, »künstlichen Hüftschwenks« zu erzeugen, die wenig elegant wirken. Natürliche Hüftbewegungen wirken auch bei Männern niemals übertrieben.
Die New Merengue ist einfach zu tanzen, sehr unterhaltsam und lässt viel Raum für eigene Phantasiefiguren, wobei es den Tanzpaaren freigestellt ist, nach wie vielen Schritten sie die jeweilige Figur vollenden.

Grundschritt

vorwärts (a)

Schritte	HERR	DAME	Zähle
1	L-Fuß vor	R-Fuß rück	schnell
2	R-Fuß vor	L-Fuß rück	schnell
3	L-Fuß vor	R-Fuß rück	schnell
4	R-Fuß schließen	L-Fuß schließen	schnell
5	L-Fuß am Platz	R-Fuß am Platz	schnell
6	R-Fuß am Platz	L-Fuß am Platz	schnell
7	L-Fuß am Platz	R-Fuß am Platz	schnell
8	R-Fuß am Platz	L-Fuß am Platz	schnell

rückwärts (b)

Schritte	HERR	DAME	Zähle
1	L-Fuß rück	R-Fuß vor	schnell
2	R-Fuß rück	L-Fuß vor	schnell
3	L-Fuß rück	R-Fuß vor	schnell
4	R-Fuß schließen	L-Fuß schließen	schnell
5	L-Fuß am Platz	R-Fuß am Platz	schnell
6	R-Fuß am Platz	L-Fuß am Platz	schnell
7	L-Fuß am Platz	R-Fuß am Platz	schnell
8	R-Fuß am Platz	L-Fuß am Platz	schnell

Welche Figuren lassen sich vorher tanzen?

- Grundschritt
- Damensolo
- Herrensolo

Welche Figuren lassen sich nachher tanzen?

- Grundschritt
- Damensolo
- Herrensolo

Fortgeschrittene tanzen den Grundschritt verkürzt: vor-vor-vor-schließen (1a, 2a, 3a, 4a), rück-rück-rück-schließen (1b, 2b, 3b, 4b).
Start- und Endposition sind gleich.

Grundschritt

Startposition
Endposition

Damensolo

Startposition

Schritte	HERR	DAME	Zähle
1	L-Fuß am Platz	R-Fuß vor	schnell
2	R-Fuß am Platz	L-Fuß vor	schnell
3	L-Fuß am Platz	R-Fuß vor	schnell
4	R-Fuß am Platz	L-Fuß vor	schnell
5	L-Fuß am Platz	R-Fuß vor	schnell
6	R-Fuß am Platz	L-Fuß vor	schnell
7	L-Fuß am Platz	R-Fuß vor	schnell
8	R-Fuß schließen	L-Fuß schließen	schnell

Damensolo

Endposition

Welche Figuren lassen sich vorher tanzen?

- Grundschritt
- Damensolo
- Herrensolo

Welche Figuren lassen sich nachher tanzen?

- Grundschritt
- Damensolo
- Herrensolo

Im Damensolo dreht die Dame eine ganze Rechtsdrehung alleine unter dem erhobenen linken Arm des Herrn. Sie versucht dabei, den Blickkontakt mit dem Herrn möglichst lange zu halten.

Herrensolo

Startposition

Schritte	HERR	DAME	Zähle
1	L-Fuß vor	R-Fuß am Platz	schnell
2	R-Fuß vor	L-Fuß am Platz	schnell
3	L-Fuß vor	R-Fuß am Platz	schnell
4	R-Fuß vor	L-Fuß am Platz	schnell
5	L-Fuß vor	R-Fuß am Platz	schnell
6	R-Fuß vor	L-Fuß am Platz	schnell
7	L-Fuß vor	R-Fuß am Platz	schnell
8	R-Fuß schließen	L-Fuß schließen	schnell

Herrensolo

Endposition

Welche Figuren lassen sich vorher tanzen?

- Grundschritt
- Damensolo
- Herrensolo

Welche Figuren lassen sich nachher tanzen?

- Grundschritt
- Damensolo
- Herrensolo

Im Herrensolo dreht der Herr eine ganze Linksdrehung alleine unter dem erhobenen rechten Arm der Dame. Er versucht dabei, den Blickkontakt mit der Dame möglichst lange zu halten.

Rock 'n' Roll-Familie

Tanzgeschichte

Die Rock 'n' Roll-Familie hat vielfältige Vorläufer, die alle afroamerikanischen Ursprungs sind. Dazu gehören in den 1930er Jahren der »Lindy Hop«, »Blues« und »Swing«. In den 1940iger Jahren gelangt der »Boogie«, auch »Boogie Woogie« genannt, zu Popularität. Er wird in den USA auch als »Jitterbug« bekannt und kommt mit der Stationierung der US-Armee nach Europa. Mitte der 1950er Jahre tritt der Rock 'n' Roll seinen Triumphzug an und wird zu dem faszinierendsten Tanz für Jung und Alt.

Der besondere Reiz liegt in der mitreißenden Musik, dem temperamentvollen Tanzstil und der spektakulären Akrobatik. Die Rock 'n' Roll-Musik ist von den Stilrichtungen Country & Western, Jazz und Rhythm & Blues beeinflusst. Zwar soll der Discjockey Alan Freed 1951 den Namen »Rock 'n' Roll« erfunden haben, aber als offizielle Geburtsstunde wird die Studioaufnahme von Bill Haleys »Rock Around The Clock« am 12. April 1954 gesehen. Zum Siegeszug des Rock 'n' Roll tragen viele weitere Interpreten wie Elvis Presley, Fats Domino und Chuck Berry bei. Nach langsamerer Rock 'n' Roll-Musik kreieren englische Tanzlehrer den eleganten und doch lebendigen Jive, der 1968 als fünfter Turniertanz bei den Lateinamerikanischen Tänzen aufgenommen wird. Ab 1974 bekommt der Tanz Rock 'n' Roll in Europa einen neuen Aufschwung als anerkannte Sportart.

Tanzfolge

Tanztechnik

Rock 'n' Roll-Musik im 4/4-Takt mit der Betonung auf dem zweiten und vierten Taktschlag (Synkopen) kann in sehr unterschiedlichen Tempi gespielt werden. Bei langsamer Musik tanzt sich der 8er-Grundschritt, der Jive, am besten. Wird die Musik schneller, dann eignet sich der 6er-Grundschritt, auch Rock 'n' Roll-Schritt genannt. Die schnellste Rock 'n' Roll-Musik kann mit dem 4er-Grundschritt, dem Boogie-Schritt, bewältigt werden.

Info

Musik: 4/4-Takt, schnell, synkopisch betont

Zähl-Rhythmus Boogie:

	schnell	schnell	langsam	langsam
Notenwerte:	1/4	1/4	1/2	1/2

Zähl-Rhythmus Rock 'n' Roll:

	schnell	schnell	schnell	schnell	schnell	schnell
Notenwerte:	1/4	1/4	1/4	1/4	1/4	1/4

Zähl-Rhythmus Jive:

	schnell	schnell	schnell	und	schnell	schnell	und	schnell
Notenwerte:	1/4	1/4	3/16	1/16	1/4	3/16	1/16	1/4

Tempo Boogie: 44–54 Takte pro Minute
Tempo Rock 'n' Roll: 36–50 Takte pro Minute, je nach Können
Tempo Jive: 30–46 Takte pro Minute
} siehe CD zum Buch

Tanzhaltung: Rock 'n' Roll-Tanzhaltungen

Tanzrichtung: Bewegung bleibt am Platz

Start: Herr linker Fuß – Dame rechter Fuß,
Start in beliebiger Richtung.

Startposition

Auf den folgenden Seiten werden zunächst die drei Grundschritt-Variationen einzeln aufgeführt. Alle weiteren Figuren sind im Boogie (4er-Grundschritt) beschrieben und können ohne Schwierigkeiten auf Rock 'n' Roll (6er-Grundschritt) und Jive (8er-Grundschritt) selbstständig übertragen werden.

Boogie und Rock 'n' Roll gehören zu der Gruppe der Modetänze, der Jive zählt trotz seiner nordamerikanischen Herkunft zu den Lateinamerikanischen Tänzen. Bei Boogie und Jive wird der Grundschritt in Latein-Tanzhaltung oder in Doppelhandfassung getanzt. Beim Rock 'n' Roll wird der Grundschritt meist in offener Gegenüberstellung mit nur einer Hand gefasst. Bei allen drei Tänzen werden durch die verschiedenen Drehfiguren die Tanzhaltungen ständig gewechselt. Sämtliche Tanzschritte werden mit dem Ballen begonnen, die Füße aber, im Gegensatz zu anderen lateinamerikanischen Tänzen, deutlich vom Boden abgehoben und bewusst von oben nach unten gesetzt. Die beiden ersten Schritte von 4er-, 6er- und 8er-Grundschritt sind gleich (rück-vor).
Im Boogie folgt dann die energische Betonung auf den Seitschritten (seit-seit). Im Rock 'n' Roll-Grundschritt kommt der »Kick« dazu (siehe Seite 114). Im Jive wird anstelle von »Kick« ein Wechselschritt (seit-schließen-seit) getanzt, wobei diese Schritte sehr stationär und klein platziert werden sollten. Alle drei Tänze gehören zur Rock 'n' Roll-Familie und sind durch ihr Temperament, ihren rhythmischen Stil und ihre raffinierten Wickelfiguren sehr beliebt.

Platzwechsel von rechts nach links (Schritt 3)

Boogie (4er-Grundschritt)

Schritte	HERR	DAME	Zähle
1	L-Fuß rück	R-Fuß rück	schnell
2	R-Fuß vor	L-Fuß vor	schnell
3	L-Fuß seit	R-Fuß seit	langsam
4	R-Fuß seit	L-Fuß seit	langsam

Welche Figuren lassen sich vorher tanzen?

- Boogie (4er-Grundschritt)
- Rock 'n' Roll (6er-Grundschritt)
- Jive (8er-Grundschritt)
- Grundschritt mit Dame heran

Welche Figuren lassen sich nachher tanzen?

- Boogie (4er-Grundschritt)
- Rock 'n' Roll (6er-Grundschritt)
- Jive (8er-Grundschritt)
- Platzwechsel von rechts nach links

Sehr häufig wird der Boogie seit-seit (langsam, langsam) begonnen, gefolgt von rück-vor (schnell, schnell). Der Boogie-Rhythmus wird auch als Single-Time bezeichnet.

Boogie-Rhythmus:

1, 2	schnell, schnell	1/4, 1/4	rück, vor
3	langsam	1/2	seit
4	langsam	1/2	seit

Boogie (4er-Grundschritt)

Startposition

1

2

3

4

Endposition

Rock 'n' Roll (6er-Grundschritt)

Schritte	HERR	DAME	Zähle
1	L-Fuß rück	R-Fuß rück	schnell
2	R-Fuß vor	L-Fuß vor	schnell
3	L-Fuß Kick	R-Fuß Kick	schnell
4	L-Fuß am Platz belasten	R-Fuß am Platz belasten	schnell
5	R-Fuß Kick	L-Fuß vor Kick	schnell
6	R-Fuß am Platz belasten	L-Fuß am Platz belasten	schnell

Welche Figuren lassen sich vorher tanzen?

- Boogie (4er-Grundschritt)
- Rock 'n' Roll (6er-Grundschritt)
- Jive (8er-Grundschritt)
- Grundschritt mit Dame heran

Welche Figuren lassen sich nachher tanzen?

- Boogie (4er-Grundschritt)
- Rock 'n' Roll (6er-Grundschritt)
- Jive (8er-Grundschritt)
- Platzwechsel von rechts nach links

»**Kick**«: Unter Kick versteht man ein Ausschleudern des Unterschenkels. Das zunächst angehobene, gebeugte Knie wird schnell und kräftig gestreckt. Beim Zurückführen des Beines wird das Knie wieder gebeugt und der »Kick«-Fuß neben den Standfuß zurückgestellt. Der Kick wird nach vorne oder leicht zur Seite getanzt.

Rock 'n' Roll-Rhythmus:

1, 2	schnell, schnell	1/4, 1/4	rück, vor
3, 4	schnell, schnell	1/4, 1/4	Kick-Platz
5, 6	schnell, schnell	1/4, 1/4	Kick-Platz

Rock 'n' Roll (6er-Grundschritt)

Startposition

Endposition

Jive (8er-Grundschritt)

Schritte	HERR	DAME	Zähle
1	L-Fuß rück	R-Fuß rück	schnell
2	R-Fuß vor	L-Fuß vor	schnell
3	L-Fuß seit	R-Fuß seit	schnell
4	R-Fuß schließen	L-Fuß schließen	und
5	L-Fuß seit	R-Fuß seit	schnell
6	R-Fuß seit	L-Fuß seit	schnell
7	L-Fuß schließen	R-Fuß schließen	und
8	R-Fuß seit	L-Fuß seit	schnell

Welche Figuren lassen sich vorher tanzen?

- Boogie (4er-Grundschritt)
- Rock 'n' Roll (6er-Grundschritt)
- Jive (8er-Grundschritt)
- Grundschritt mit Dame heran

Welche Figuren lassen sich nachher tanzen?

- Boogie (4er-Grundschritt)
- Rock 'n' Roll (6er-Grundschritt)
- Jive (8er-Grundschritt)
- Platzwechsel von rechts nach links

Jive-Rhythmus:

1, 2	schnell, schnell	1/4, 1/4	rück, vor
3, 4, 5	schnell und schnell	3/16, 1/16, 1/4	Wech-sel-schritt
6, 7, 8	schnell und schnell	3/16, 1/16, 1/4	Wech-sel-schritt

Jive (8er-Grundschritt)

Startposition

Endposition

Platzwechsel von rechts nach links

Startposition

Schritt	HERR	DAME	Zähle
1	L-Fuß rück	R-Fuß rück	schnell
2	R-Fuß vor	L-Fuß vor	schnell
3	L-Fuß seit	R-Fuß vor	langsam
4	R-Fuß seit	L-Fuß seit	langsam

Platzwechsel von rechts nach links

Endposition

Welche Figuren lassen sich vorher tanzen?

- Grundschritt
- Grundschritt mit Dame heran

Welche Figuren lassen sich nachher tanzen?

- Nebeneinander
- Platzwechsel von links nach rechts
- Grundschritt mit Dame heran

Einsteiger drehen ihre Dame während dieser Figur eine dreiviertel Drehung nach rechts. Fortgeschrittene wechseln mit ihren Damen bei dieser Figur die Plätze. Dabei dreht der Herr eine halbe Drehung nach links, die Dame eine halbe Drehung nach rechts.

Nebeneinander

Startposition

Schritt	HERR	DAME	Zähle
1	L-Fuß rück	R-Fuß rück	schnell
2	R-Fuß vor	L-Fuß vor	schnell
3	L-Fuß seit	R-Fuß seit	schnell
4	R-Fuß seit	L-Fuß seit	schnell

Nebeneinander

Endposition

Welche Figuren lassen sich vorher tanzen?

- Platzwechsel von rechts nach links
- Nebeneinander

Welche Figuren lassen sich nachher tanzen?

- Nebeneinander
- Platzwechsel von links nach rechts

Platzwechsel von links nach rechts

Startposition

Schritt	HERR	DAME	Zähle
1	L-Fuß rück	R-Fuß rück	schnell
2	R-Fuß vor	L-Fuß vor	schnell
3	L-Fuß seit	R-Fuß seit	langsam
4	R-Fuß seit	L-Fuß seit	langsam

Platzwechsel von links nach rechts

Endposition

Welche Figuren lassen sich vorher tanzen?

- Platzwechsel von rechts nach links
- Nebeneinander

Welche Figuren lassen sich nachher tanzen?

- Grundschritt mit Dame heran

Einsteiger drehen ihre Dame während dieser Figur eine dreiviertel Drehung nach links. Fortgeschrittene wechseln mit ihren Damen bei dieser Figur die Plätze. Dabei dreht der Herr eine halbe Drehung nach rechts, die Dame eine halbe Drehung nach links.

Grundschritt mit Dame heran

Startposition

Schritt	HERR	DAME	Zähle
1	L-Fuß rück	R-Fuß rück	schnell
2	R-Fuß vor	L-Fuß vor	schnell
3	L-Fuß seit	R-Fuß vor	langsam
4	R-Fuß seit	L-Fuß seit	langsam

Grundschritt mit Dame heran

Endposition

Welche Figuren lassen sich vorher tanzen?

- Platzwechsel von links nach rechts

Welche Figuren lassen sich nachher tanzen?

- Grundschritt
- Platzwechsel von rechts nach links

Tanzbegriffe

R-Fuß	rechter Fuß
L-Fuß	linker Fuß
vor	vorwärts
rück	rückwärts
seit	seitwärts
schließen	die Füße mit Berührung von Ballen und Fersen zusammenstellen
am Platz	der Fuß wird genau an derselben Stelle wieder aufgesetzt
rechts/Rechtsdrehen	der rechten Schulter folgend
links/Linksdrehen	der linken Schulter folgend
Tanzrichtung	vorgeschriebene Bewegungsrichtung auf der Tanzfläche gegen den Uhrzeigersinn
geschlossene Tanzhaltung	Tanzhaltung mit Körperkontakt
offene Tanzhaltung	Tanzhaltung ohne Körperkontakt
Promenade	Tanzhaltung, V-förmig in Richtung der gefassten Hände geöffnet
Grundschritt	Basisfigur eines Tanzes
Startschritt	Schritt zum starten bei Rumba und Cha-Cha-Cha

Inhalt CD:

1. Langsamer Walzer	29 T/M*	(2:27)
2. Langsamer Walzer	31 T/M	(3:39)
3. Wiener Walzer	50 T/M	(2:15)
4. Wiener Walzer	58 T/M	(3:17)
5. Tango	32 T/M*	(1:53)
6. Tango	34 T/M	(3:08)
7. Marschfox	50 T/M	(1:57)
8. Marschfox	50 T/M	(3:13)
9. Foxtrott	47 T/M	(2:02)
10. Foxtrott	52 T/M	(2:37)
11. Discofox	27 T/M*	(2:01)
12. Discofox	30 T/M	(3:14)
13. Hustle	30 T/M*	(2:15)
14. Hustle	33 T/M	(3:07)
15. Cha-Cha-Cha	26 T/M*	(2:07)
16. Cha-Cha-Cha	30 T/M	(3:06)
17. Rumba	28 T/M*	(2.00)
18. Rumba	25 T/M	(3:39)
19. Samba	51 T/M*	(2:06)
20. Samba	53 T/M	(3:10)
21. Mambo/Salsa	23 T/M*	(2:17)
22. Mambo/Salsa	26 T/M	(3:16)
23. Merengue	30 T/M*	(2:05)
24. Merengue	33 T/M	(2:47)
25. Boogie	50 T/M*	(3:26)
26. Rock 'n' Roll	42 T/M*	(3:25)
27. Jive	34 T/M	(3:18)
28. Jive	30 T/M*	(2:36)

*: Tanz wird im Übungstempo eingezählt
T/M: Takte pro Minute

Alle Titel komponiert und arrangiert von Thomas Schwaiger.

Ossi Schaller:	Accoustic und Electric Guitars
Frank Loef:	Tenor- und Altsaxophon, Alt-Flöte
Claus Reichstaller:	Trompete
Michael Lutzeier:	Baritonsaxophon
Ralf Klepper:	Violine
Thomas Simmerl:	Drums und Percussion
Stephan Eppinger:	Additional Percussion
Fabian Exter:	Drum Programming, Recording Assistant
Kurt Stadlmeyer:	Drum Programming
Thomas Schwaiger:	Programming, Synthesizer, Piano, Hammond-Organ, Fender-Rhodes Electric-Piano
Sprecherin:	Astrid Haase-Türk

Aufgenommen von Wolfgang Moroder und Dieter Kurz, gemischt von Dieter Kurz, gemastert von Wolfgang Moroder im Tonwerk Greifenberg.

Ausführend produziert von Thomas Schwaiger für Phonopool.

Bildnachweis
Alle Fotos von Ulli Seer außer:

Getty Images: S. 40, 48, 66, 76, 110
IDSM AG, Switzerland: S. 6
Gertrude Krombholz: S. 17
Mauritius: S. 24, 86, 102
Karin Moos: S. 14
Tanzschule Neubeck: S. 94
Heinrich Zille Gesellschaft Berlin e.V.: S. 32

Umschlagfotos: Titel: Getty Images
Rückseite: Ulli Seer

Grafik Seite 87: Jörg Mair

Demonstratoren der Technikbilder: Anja Schöberl, Henning Schlicht
Autorinnen und Verlag danken Frau Monika Niesl (Tanzschuhe Otto München) für die Bereitstellung der Tanzschuhe.

Bibliographische Information Der Deutschen Bibliothek
Die Deutsche Bibliothek verzeichnet diese Publikation in der Deutschen Nationalbibliografie; detaillierte bibliografische Daten sind im Internet über http://dnb.ddb.de abrufbar.

2., durchgesehene Auflage, Neuausgabe

BLV Buchverlag GmbH & Co. KG
80797 München

Lektorat: Maritta Kremmler
Einbandgestaltung: Sabine Fuchs, fuchs_design, Ottobrunn
Layoutkonzept: Sabine Fuchs, München
Layout und DTP: Gaby Herbrecht, München
Herstellung: Hannelore Diehl

Gedruckt auf chlorfrei gebleichtem Papier

Printed in Germany ·
ISBN-10: 3-8354-0113-0
ISBN-13: 978-3-8354-0113-6

Hinweis
Das vorliegende Buch wurde sorgfältig und nach neuesten Erkenntnissen erarbeitet. Dennoch erfolgen alle Angaben ohne Gewähr. Weder die Autorinnen noch der Verlag können für eventuelle Nachteile oder Schäden, die aus den im Buch vorgestellten Übungen und Informationen resultieren, eine Haftung übernehmen.

Dr. Gertrude Krombholz:
Leitende Akademische Direktorin, Leiterin der Abteilung Sportlehrerausbildung und Leiterin des Fachgebiets Gymnastik, Tanz, Musik und Bewegung an der Technischen Universität München (i. R.). Tänzerische Ausbildung im In- und Ausland, u. a. im Gesellschaftstanz bei Paul Krebs/Nürnberg; ADTV-Tanzlehrerin. Seit 1962 Dozentin für Tanz in der Sportlehrerausbildung und in Freizeitgruppen mit Studenten, Kindern und Jugendlichen, Senioren und Behinderten, Initiatorin des integrativen Rollstuhltanzes in Deutschland. Leiterin und Choreographin vieler Vorführungen mit den Tanzgruppen der Technischen Universität München bei Sport- und Tanzveranstaltungen im In- und Ausland. Wertungsrichtertätigkeit bei vielen Tanzveranstaltungen. Zahlreiche Veröffentlichungen im Bereich Gymnastik und Tanz, in der Sportdidaktik und -geschichte.

Astrid Haase-Türk (verh. Kuby): Selbstständige ADTV-geprüfte Tanzlehrerin und Tanzsporttrainerin für Gesellschafts- und Turniertänze, mit Zusatzausbildung in zahlreichen Modetänzen, Steptanz, Jazz, Tanztherapie, Kinder-, Senioren- und Behindertentanz, sowie Lehrerin für Tango Argentino und Heiltanz. Nach AFS-Stipendium in den USA, Schulabschluss in Krefeld, Studium an der Universität Düsseldorf und erfolgreicher, internationaler Tanzsportkarriere wird das Hobby zum Beruf. Berufsausbildung bei Ernst Fern in Düsseldorf, Leitung der elterlichen Tanzschule in Krefeld, Weiterbildung bei Rudi Trautz/Rainer Salmen in Augsburg. Seit 1980 als selbstständige Tanzlehrerin und Fachbuchautorin in München tätig. Zahlreiche Veröffentlichungen im Bereich Gesellschaftstanz.

Eine kleine Auswahl aus unserem grossen Programm

Dr. med. Thomas Wessinghage
Laufen
Der Lauf-Klassiker – komplett überarbeitet mit neuen Fotos; neue Erkenntnisse zu Lauftechnik, Ausrüstung und Training; Laufen und Gesundheit mit aktuellen Forschungsergebnissen der Sportmedizin; Termine der wichtigsten Marathonläufe weltweit.
ISBN 3-405-16450-8

Peter Scholl
Richtig Tennis
Wie Anfänger spielend lernen und Cracks sich Schlag auf Schlag verbessern: Ausrüstung, verschiedene Schlagtechniken, Einsatz von Technik und Taktik.
ISBN 3-8354-0012-6

Peter Konopka
Radsport
Radsport total – das komplette Know-how: das völlig aktualisierte Standardwerk, perfekt aufbereitet, fundiert und aktuell, mit Insiderwissen aus erster Hand und speziellen Trainingstipps für Einsteiger und Könner.
ISBN 3-8354-0032-0

Petra Regelin/Petra Mommert-Jauch
Nordic Walking – aber richtig!
Die Wirkung auf Körper und Psyche, Ausrüstung, richtige Technik durch Körperwahrnehmung, Fehleranalyse; Training für die Gesundheit, zur Gewichtsreduktion, Leistungssteigerung, Entspannung und bei körperlichen Einschränkungen.
ISBN 3-405-16720-5

Frédéric Delavier
Der neue Muskel-Guide
Jetzt noch stärker – der Bestseller, überarbeitet und mit Beilage-Poster: Funktion der Muskelbereiche und gezieltes Training der einzelnen Muskelgruppen, visualisiert mit einzigartig präzisen anatomischen Zeichnungen.
ISBN 3-8354-0014-2

Thomas Schwarzmeier
Segeln – aber richtig!
Der bestens illustrierte Ratgeber für den optimalen Einstieg in den Segelsport; alle wichtigen Themen von Ausrüstung bis Sicherheit – besonders praxisbezogen dargestellt.
ISBN 3-405-16695-0

Die zuverlässigen Berater

BLV Bücher bieten mehr:

- mehr Wissen
- mehr Erfahrung
- mehr Innovation
- mehr Praxisnutzen
- mehr Qualität

Denn 60 Jahre Ratgeberkompetenz sind nicht zu schlagen!

Dass Sie sich gut beraten fühlen – das ist unser Ziel. Falls Sie Fragen und/oder Anregungen haben, schreiben Sie uns bitte:

BLV Buchverlag GmbH & Co. KG
Lektorat · Lothstraße 19
80797 München
Postfach 40 02 20
80702 München
Telefon 089/12705-0 · Fax -545
E-mail: blv.verlag@blv.de

Unser Buchprogramm umfasst rund 800 Titel zu den Themen **Garten · Natur · Heimtiere · Jagd · Angeln · Sport · Golf · Reiten · Alpinismus · Fitness · Gesundheit · Kochen.** Ausführliche Informationen erhalten Sie unter **www.blv.de**

blv

Mehr Erlesen!